不一样的律师

郑璇 著

SPM 南方传媒 花城出版社
中国·广州

图书在版编目(CIP)数据

不一样的律师 / 郑璇著. -- 广州:花城出版社,
2025.6(2025.9重印). -- ISBN 978-7-5749-0420-0
Ⅰ. D926.5
中国国家版本馆CIP数据核字第20251HJ966号

不一样的律师
BU YIYANG DE LÜSHI

郑璇/著

出 版 人	张 懿
责任编辑	李 卉
特约编辑	冯锦源
责任校对	汤 迪
技术编辑	凌春梅
封面设计	张姣姣 王安妮 JOY
出版发行	花城出版社
经 销	全国新华书店
印 刷	佛山市浩文彩色印刷有限公司
开 本	787毫米×1092毫米 32开
印 张	12 5插页
字 数	115,000字
版 次	2025年6月第1版 2025年9月第2次印刷
定 价	39.00元

版权所有·侵权必究。如发现印装质量问题,请与出版社联系。
联系电话:020-37604658 37602954

从专业到行业,重构律师认知

自 序

可能从初三那一年的夏天，在同学录中写下"今后的理想职业是律师"时，我就与律师职业结下了某种缘分。不像大多数律师的职业生涯一以贯之、顺水推舟，我经历了计算机软件的本科学习，亲身观察了"中国药品打假第一人"的维权之路，作为公民身份多次代理出庭后，才又转考法律硕士，重回法律职业之路。通过法考后，又在传统企业了解了零售和房地产行业的兴衰起伏，才在2015年正式选择成为一名律师。

在家庭背景完全没有"法律基因"的情况下，我与律师职业，总有一种断断续续，又时时刻刻的缘分。

可能正是这种奇妙的缘分，让我对律师行业有一种不同的感觉和视角。在同年实习律师统一口径在抱怨老板"不仁"、行业不行的时候，我在想，是问题真的这么严重，还是新入行律师在采用一种寻找同类的"自我保护机制"？在资深律师也大多认为，他们当年也是这么走过来的，新入行律师应该如何如何时，我在想，是成长路径真的这么有效清晰，还是面对缺少带教体系问题的逃避，甚至是维护既得利益的一种手段？当律师提出"专业化"，律所开始"规模化"，律师开始新媒体营销，法律咨询公司开始被关注……的时候，不一样的视角让我总会想到很多不一样的问题。这是一些没有人愿意回答的问题，所以必然也是没有答案的问题。

于是我选择自问自答。把发现问题、分析问题、解决问题作为我在律师行业的行动指南，我发现律师行业归根到底就两个大问题：案源问题和专业问题。案源问题可以分为对外的案源开拓问题和对内的案源分配问题，专业问题可能分为专业培养问题、专业标准问题和法律信仰问题。这两个大问题、五个小问题基本可以解释律师行业现在所有存在的问题，只是在不同的语境、不同的身份、不同的侧重下，嵌套在了不同的话术中。

因为这两个大问题，也让当下的律师行业产生了大量的情绪问题。"祛魅"成了律师行业在下行周期中的主流话题之一，一夜间，仿佛律师行业高速发展三十年间的所有积累都不值一提，律师职业也一文不值。其实"矫枉"不一定要"过这么多正"，正确地解决律师行业现有的问题，需要正确的价值观和坚定的行动，而不是抱怨以及"和抱怨者结盟"。

而且破坏总比建立容易，在律师行业经历"祛魅"之后，又该建立些什么？是本书全文探讨的主线。一家之言，定有偏颇，但总归有人得先"偏颇"了，才能在不断的修正中逐渐"客观""公允"。

望在各位有缘读者的海涵和斧正下，求得正道。

目　录

第一篇　律师

第一章　不一样的价值观 / 3

　　律师很赚钱吗？/ 5

　　选择当律师，就只是为了赚钱吗？/ 19

　　律师真的很忙吗？/ 22

第二章　不一样的专业观 / 27

　　不一样的庭审理解 / 29

　　不一样的法律理解 / 35

第三章　不一样的案件观 / 43

　　什么是疑难诉讼案件？/ 45

　　办好疑难案件，需要有什么样的觉悟？/ 49

　　律师和调解 / 57

第四章　**不一样的专业型律师理解** / 63

　　如何判断律师的专业水平？/ 65

　　我适合做专业型律师吗？/ 70

　　专业型律师应该公开自己的观点 / 76

　　关于律师的随想 / 81

第五章　**写给法学生和实习生** / 85

　　想当律师，你准备好了吗？/ 87

　　同学，想好了再去实习吧 / 93

　　实习简历怎么做？/ 100

第六章　**写给实习律师** / 105

第七章　**写给新入行律师** / 117

第二篇　团队、专业和案源

第一章　不一样的团队理解 / 149

　　团队选择 / 151

　　我理想中的律师团队 / 157

　　团队管理和带教律师 / 160

第二章　授薪还是独立？ / 181

　　关于授薪律师 / 183

　　成长的路径 / 194

第三章　不一样的专业提升理念 / 201

　　律师和案件 / 203

　　疑难案件的三位一体：推演会/模拟庭审、案例检索报告和案件焦点可视化图 / 209

　　律师和判决 / 221

　　律师和讲座 / 225

第四章　律师和案源 / 235

案源从何而来？/ 237

新入行律师开拓案源的主要障碍 / 248

案源和客户 / 258

律师和新媒体营销 / 273

律师费，你想明白了吗？/ 287

律师合作 / 299

第三篇　律师行业和律师事务所

第一章　律师行业的特点和现状 / 307

律师行业的特点 / 309

律师行业存在的问题 / 315

第二章　律所发展 / 323

　　好律所有标准吗？/ 325

　　律所和规模化 / 330

　　律所发展的思考 / 335

第三章　行业商业模式的思考 / 343

　　律师行业进化之路：从转包、挂靠到总包 / 345

第四章　律师行业开始"卷"了吗？/ 349

第四篇　同行箴言

结语 / 377

乙

第一篇

律师

第一章

不一样的价值观

自律和他律

自律消耗意志力,他律牺牲自由。

想要获得自由,要么天生神力,要么先牺牲部分自由。

不自律也无他律,伪自由真无序。

律师很赚钱吗?

一、为什么很多人觉得律师很赚钱?

大多数人对律师的第一印象是:高知、精英、很赚钱!且先不说是否属实,关键是这些第一印象到底是从何而来的呢?

1. 影视剧宣传

TVB、美剧、偶像剧里的律师,大多是做高大上的业务,律师费动辄数十上百万元,过着令人羡慕的生活,不是开庭激辩,就是度假打高尔夫。影视剧为了好看进行了夸张,把律师美化一下本无可厚非,但和现实中的大多数律师的工作、生活状态肯定是不一样的,也不可避免地会给大多数人留下"过于美好"的印象。

2. 行业红利期的代表形象

2000年我国每万人中只有0.5名律师,到2022年每万人中有4.6名律师[①]，预计到2025年，中国每万人中将有5.3名律师，这个数据已经超过日本，排全球第6。如果只看北上广深，每万人拥有的律师数量达到10名，仅次于美、英、德。

我国律师行业的市场化改革才30多年，任何行业在早期发展中，肯定是有发展红利的，就像改革开放初期下海成功的那一代一样，他们就像现实中的影视剧主角，是天选之子，成功人士的形象已经深植人心。但也要认清的是，当时成功的难度和现在成功的难度肯定不一样，大多数律师现在已经无法复制同样的路径、达到同样的高度。

3. 幸存者偏差

"我身边当律师的，拿律师证才两三年就能赚上百万元。"这种情况肯定是存在的，但肯定也是少数的。就像"小学毕业当老板，大学毕业帮老板打工"的说法，只是那些被淘汰或在生存线挣扎的人，大家看不到而已或者认为自己才不会混得那么差。

但"二八定律"在律师行业可能是"一九定律"，被平均的永远是大多数。

[①] 本数据源于2023年司法部发布的《2022年度律师、基层法律服务工作统计分析》。

4. 行业模式简单

一名律师拿一个证、挂一个所、凭一张嘴就能开干,可以说除了律师证,进入律师行业就没有什么硬门槛了。

什么商业模式、资本积累、技术壁垒都不需要的低门槛行业,导致形成了虽有"千军万马过法考"的竞争,却仍有"过了法考熬两年,年纪轻轻就可以直接开始赚大钱"的想象空间。

影视剧的美化宣传,行业前辈的传说和幸运儿偶现,再加上较低的独立成本,使大家觉得当律师一定、至少大概率是能赚钱的,那有能赚大钱的律师,也就不足为奇了。

二、律师既不能赚大钱,也不能赚快钱

律师真的能赚大钱吗?我的答案是:律师不仅不能赚大钱,还不能赚快钱。

律师不能赚大钱的原因是:

律师服务与人身属性高度绑定,而一名律师的精力是有限的,无法像普通商品一样无限复制。无论一名律师的

一小时单价多高，除去吃饭、睡觉等正常生活需要，他一天或者一年的有效时间就那么多（透支使用以后也会加倍偿还），所以赚的钱也必然有上限。

即便通过组建团队，以合作伙伴、聘用助理的方式放大劳动力，也会由于较高的人才要求和管理成本，决定了律师行业不能像其他服务性行业一样通过增加劳动力来进行大规模扩张。如果一名律师想通过自己的管理能力赚大钱，其实不如去其他行业性价比更高。

风险和收益成正比，而大部分律师天生是风险厌恶型。不必说非本行业的风险收益了，大多数律师就连自己行业的风险收益也难以接受。不愿承担风险，哪儿来的高回报？

但又有小部分律师的风险偏好过强，用"包赢""找关系"的方式在某个案件中貌似赚到"大钱"，但这笔"大钱"又不能一次让他完全"上岸"，拉长来看，总有一天会"爆雷"。一旦"爆雷"，轻则职业生涯报销，重则锒铛入狱。赚这种"大钱"是饮鸩止渴，更不用谈性价比。

律师不能赚快钱的原因是：

一个行业能赚快钱的逻辑，肯定是你找到了一个大家都没找到的"捷径"，在更多人发现之前，你先利用这个时间差赚了一笔快钱。

但律师行业是一个传统，甚至有些滞后性的行业，还是一门实践性、经验性都很强的学科。要一个没专业积累、没案源积累、刚拿证没多久的律师马上找到新"捷径",除了明显有问题、大家都不走的"捷径"外,觉得自己能另辟蹊径赚到快钱未免有些天真。

所以,律师在收入方面,应该定位在"优质的中产阶级",然后更多地去追求情绪价值和社会价值。

三、律师应当主动控制创收

律师的创收,也就是每年收取的总律师费,难道不是越高越好吗?居然还需要控制?

当然需要,因为律师行业和其他行业比确实有不同之处。

1. 律师的商业属性和社会职能

法律行业不仅有商业属性,还有无法商业化的社会职能。律师不仅是商业中服务的提供者,也是维护社会秩序、保障社会公共利益、实现社会主义法治理念的践行者。

在一般商业行业中,把创收和经济利益放在较高位置无可厚非，但教师、医生、律师等具有一定社会职能的职业，就不能单一地强调创收和经济利益。正如我们很少用收入高低来评价教师和医生的"师德""医德"，以及专业的好坏。

过于强调商业上的成功，势必会影响律师的社会职能价值导向，而主动控制创收，是建立律师职业道德、提升律师职业形象的必经之路。

2. 人身属性和法律产品

即便在商业属性中讨论，律师也应当主动控制创收。

首先，律师是强人身属性的职业，即便精力再旺盛，一名律师的有效工作时间也是有限的，那么创收自然也是有限的。如果不主动控制创收而透支自己的精力，长远来看不可能持久，更可能会得不偿失。

其次，律师没有可复制且有竞争力的产品。大多数律师设计的法律产品，归根到底还是要人去干，只是部分用管理去替代、优化，人身属性依然不能完全脱离。如果"产品"不能完全、大量复制，那就还称不上"产品"，最多是"产品化思维"。

而另外一些法律产品，比如合同、起诉状和其他文书模板，由于专业壁垒太低，很容易被替代，无法支撑产品溢价。

最后，较高的人才要求和管理成本也决定了律师行业不能像其他服务性行业一样通过增加劳动力来大规模扩张。

所以,律师很难实现商业行业中的"赚大钱",而试图在律师行业"赚大钱",很可能会荒废主业甚至误入歧途。

但话说回来,主动控制创收不是不谈创收,而是有意识地在自己的能力范围内设定一个相对合理的值,才能在格局和认知上有进一步提升的可能,才能让律师职业的双重属性得到平衡,真正让律师职业成为相对自由、受人尊重的理想职业。即便现在很多律师还没达到控制创收的阶段,但也应当要早早种下这个意识的种子,春种秋收,未雨绸缪。

四、律师应当主动控制办案数量

虽然律师的创收和办案数量有一定关联,但不一定完全正相关,办案数量多,不一定创收就高过办案数量相对少的律师。而且,办案数量本身也是另外一个维度,和创收相比,有着不同的信息量,也需要单独在量上加以控制。

1. 数量和质量

在同样专业水平下，一个案件投入100个小时办理的律师和投入10个小时办理的律师所获得的结果肯定不一样。但一名律师的精力是有限的，要想提高办案质量，那就必须控制办案数量。

反过来说，如果办理案件数量过多，那办案质量一定无法保证。即便通过团队分工合作，也只能部分放大主办律师的有效时间，不能完全取代主办律师的精力投入，那么，一名主办律师的办案数量一定是有上限的。

与其被动地让精力透支，让客户感受到服务质量的下降，不如主动控制办案数量，把每一个案件都办好，办成精品，争取让每一位客户都对律师的专业服务给予充分认可，这样才能让律师的职业形象和专业口碑得到提升。

2. 提升和传承

律师是一门实践性学科，好律师都是在实践中成长起来的，所以新入行律师要有案件做，资深律师也不能完全脱离第一战线。但由于律师行业的特殊性，"新入行律师没案件做、资深律师的案件做不完"的情况比比皆是，要解决这个问题，资深律师控制办案数量又是一个隐藏的前提条件。

新入行律师的学习和成长，需要有难度和其水平相匹配的案件来锻炼，难度过大会打击其自信心，也会让客户得不到相应的服务体验。同样，资深律师要进一步提升和精进，也需要有更具挑战性的案件来打磨。如果资深律师仍然做新入行律师就可以独立完成的案件，不仅没有体现自己的价值，还压缩了新入行律师的成长空间——同样的价格下，客户当然更倾向委托更资深的律师。

且不论资深律师接下案件后是否"转包"，"转包"的模式的利弊如何，从整体上来讲，资深律师和新入行律师在同一个难度等级的案件范围内自由竞争，是不利于律师行业的服务水平提升和律师行业传承的。

五、律师的价值，是其一切经历的总和

为什么很多客户喜欢选择年纪大一些、身份多一些的律师作为自己的代理人呢？年纪轻专业水平就一定低一些吗？身份多专业水平就一定高一些吗？

当然不是。专业水平，并不是律师唯一的价值，其一切经历的总和才是。

1.律师是一门经验性学科，经验只能来自亲身经历。

为什么四年法本、三年法硕加法考通过的新入行律师

拿到一个案件还是一筹莫展？

因为他不知道真实的法官是怎么发问、怎么思考的；不知道真实的客户是怎么讲述或隐藏自己的故事的；不知道真实的律师是怎么挖掘、梳理、呈现证据的。更不了解劳动者如何被不公平对待，婚姻中为什么有这么多狗血剧情，交易模式为何这么设计，商业目的到底为了实现什么。那当然也不能准确理解律师能干什么、不能干什么的能力边界了。

而这一切，都需要亲自办案实践过，甚至自身经历过，才能解决真正的问题，成长为真正的律师。

所以为什么年纪大的律师会有天然的接案优势，为什么社会职务多的律师会有天然的溢价优势，因为理论上，他们经历更多，经验（即便与法律无关）也更足。

2.经历不单是年龄长，经验也不是自然增加。

经历是有信息密度的过去，经验是经历的高度总结。

一个人的过去信息密度可高可低，可以是充实的，也可以是稀疏的，同样活了几十年，有的人身经百战，有的人可能仍是一张白纸。

有的人能把经历提炼总结出经验，应用到底层逻辑相似，但表现形式不一的各种问题中；而有的人只是被动地经历了很多事，并无什么经验可谈，无法与人形成有效的交流。这也是为什么有些年纪大的律师并不一定比年轻律师提供的价值更大——他经历的密度并不足够。

要想形成有效的价值，必须有所经历，而且必须能把经历高度总结，形成自己独有的处事经验。

3.律师的价值，是其一切经历的总和。

很多问题的解决方案，并不是从专业的法律书籍中得到的，而是从律师亲自办案实践和自身生活经历中总结出来的。一名曾经在工地当过造价师的律师，对建工领域的案件理解肯定不一样；一名曾经自己创过业的律师，在公司纠纷案件中的体会肯定更加深刻。很多律师担心自己是"半路出家"或者不是"法本法硕"的"科班出身"，殊不知这可能才是其核心竞争优势，因为正是这些其他领域的经历，才是其他律师完全无法复制的。

专业的知识并不等同于经历，只是开启一种经历的门票：你得入门，才能有所经历。而律师的价值，是进入这个门后的有效经历，和其一切经历的总和。

六、祝各位早日在律师行业毕业

由于律师职业与人身属性的强绑定，一名律师的精力又是有限的，无法像产品一样无限复制，所以律师行业也根本没有真正的法律产品。

较高的人才要求和管理成本决定了律师行业不能像其他服务性行业一样通过增加劳动力来大规模扩张,所以律师行业也没有超大的公司型律所,合伙型律所仅仅是各个小团队的集合而已。

因此,从律师个人创收和律所规模角度来看,律师行业上限是很明显的。

虽然律师行业的上限明显,但好在宽度足够,不仅可以接纳各行各业的人成为律师,还可以在业务中接触到各行各业的信息,并将自己嫁接到各行各业,成为"律师+"。

但想利用这个宽度优势,你必须先在律师行业毕业。

首先明确一下,在律师行业毕业,并不是不做律师这一行了,而是掌握了行业的底层逻辑,可以掌握一定范围、一定程度的确定性。

那是否达到毕业标准,有以下三个维度指标可以参考:

1. 收入维度

就算一个小时收费再高,一天也就24小时,有效时间可能也就那么几个小时,那就意味着律师每年的案件数量是有上限的,那必然收入就是有上限的。虽然这个上限因人而异,有的30万元,有的300万元,但是得有上限意识,如果一味地盯着收入,自己累,律师这条路走得也胆战心惊，容易犯错误。

所以，设定一个你能力范围内的收入标准，达到这个标准，你就算是收入维度上的毕业了。

2. 时间维度

律师工作时间的自由是吸引很多人当律师的重要因素，但自由需要边界，否则只是无序。这个边界在于能否正确判断出你的收入上限，并在自由和物质保障之间找到一个平衡，在这种平衡中，你自然就会出现"空闲时间"。这多出来的"空闲时间"，就是用来激活律师行业的宽度优势的，而不是一有时间又投入为创收而做的律师业务中去。

律师行业的宽度，使得它的兼容性非常强，在现阶段，至少有三个大方向均有律师已经走通：商业向（投资人）、教育向（学者、导师）、管理向（律所、律师协会、群众代表），但所有方向的种子，都是需要时间来慢慢培育的，而培养出的成果，都可以反哺并加强你的律师生涯生命力，从而提高律师职业的上限。

所以，你能通过少接案件来控制投入在律师业务的时长，就是时间维度上的毕业。

3. 专业维度

说到底律师是靠专业吃饭的，不论是从自我认可还是社会评价来看，没有专业支撑的律师都不应该叫律师。但每个案件的难度都不同，那做到哪种程度才能称为专业上的毕业呢？

如果把个案的最高难度设为10分，一名律师可能在一生中也碰不到一个10分案件，那除了立志往学者方向发展的律师外，为什么还要花那么多精力去研究10分难度的案件？

其实，大多数律师接触到的案件难度都在3～5分，少量的在6～8分，所以从最佳性价比来看，你在一个细分专业领域的逻辑框架和案件处理能力能够达到6分就能算毕业，当然，天赋足够的情况下，能多几个专业领域达到4～6分更好了（因为低于3分的水平可能无法达到律师专业服务的收费门槛）。

那么，当你碰到领域范围内6分难度以下的案件时，就会得心应手、效率极高；碰到6到8分难度的案件时，多花点时间、琢磨交流、研究学习，也能接得下来。

所以，你至少能在一个细分专业领域能处理6分难度的案件，就是专业维度上的毕业。

不在你领域范围内，或者是自己4分都没达到的领域，就不要勉强。专业的案件给专业对口的人，多合作，才能真正在自己的专业领域内毕业，从而在收入和时间上毕业。

最后，才能在律师行业毕业。

选择当律师，就只是为了赚钱吗？

一、律师的文化只有"创收"吗？

一到年底，"创收"都是律师界一个极具权重的话题。虽然大多数时候聊得含含糊糊、遮遮掩掩，但还是可以看出，大家都对这个话题关注且热忱。

围绕着这个话题，会延伸出利润率、业务方向、客户构成、案源获得、团队规模、律所规模等一系列相关话题，这每一个话题都隐含着"谁赚得多谁优秀"的意思。

当然，如果律师行业是一个纯商业化的行业，这样聊也无可厚非，在商言商，能赚钱当然可以说明很多问题。但恰恰律师又是一个把"公平正义""社会义务""专业主义""工匠精神"挂在嘴边的行业，只是一到要做出评价的时候，这些标准就都全部给"创收"让步。

这可能是律师行业口碑每况愈下的原因之一：如果律师和其他商业行业的评价标准一样，那为何要给律师一个不一样的评价体系？教师有"师德"，医生有"医德"，而现在还没人说律师应该有"律德"。不知道是律师蹭了谁而建立的好感,让三个职业可以相提并论,这也许也是律师行业的红利之一吧。

红利总会消失,拐点总会到来。想提高律师行业的整体形象,必须建立一套自己的评价体系和文化氛围,把"创收"的位置往后放一放。等到哪年律师见面,聊的是各自在专业、行业、社会义务的新认知、新动作时,律师行业才算是真正有了"根"。

二、自由,是律师职业最大的吸引力

除了"赚大钱、赚快钱"的幻想,律师职业还有其他吸引力吗?当然有,律师这个职业的"赚钱度",其实远远没有这个职业的"自由度"更加吸引人。很多同行选择这个职业的理由,"自由"一定排在前三。

1. 身体自由

相较于其他职业,律师没有朝九晚六的硬性要求,如果能把工作完成,理论上随时可以下班,甚至很多工作也不需要在固定场所完成。如果自己是独立律师,除了像开庭这种难以调整的时间安排,每天的工作都可以自己安排，身体就更自由了。

而且律师由于业务的不确定性，很有可能在全国范围内奔走，如果能把时间安排合理，在出差之余也可以顺便逛逛，扩大身体自由的范围。

2. 精神自由

由于法律是一门有文科属性的独立学科，在专业层面，只要能自圆其说、为你的结论承担后果，完全可以坚持自己的想法，当然，客户是否买账是另外一个问题。相较于其他职业的管理和领导结构，律师对自己的工作还是可以保持在精神层面的相对自由。除了和客户沟通对接的时候，精神自由可能会受到一定的约束和限制，但那也是理所当然的，毕竟律师行业归根到底还是一个服务性行业。

如果一名律师的工作没有一定的身体自由和精神自由，那律师职业的魅力就会大打折扣。如果你是自愿选择暂时牺牲自由来换取相应的物质补偿还说得过去，否则，就是既没职业成就感也没生活质量的"空心律师"。

工作的意义在于发现并发挥自己的天赋，而身体自由与精神自由无疑会让自己的天赋更好、更快地被发现和发挥。但可惜的是，买椟还珠的故事，在现在的律师行业并不少见。

律师真的很忙吗?

一、好律师一定很忙吗?

持肯定观点的基本逻辑是:

1.律师是实践性学科,越忙说明案件越多,成长就会越快,律师当然也就越好;

2.好的律师不缺案子,越好的律师就会越多人请,所以很忙。

在这个观点的影响下,衍生出了一些怪象:律师不敢说自己不忙,或是硬要装忙,以免客户觉得你不够好。

但我认为这种观点有些片面:

不考虑案件质量吗?如果全是批量、基础难度的案件,成长能有多快呢?就算快,成长上限也不高吧?那还能叫作好律师吗?

不考虑办案投入吗?是接了很多案件,但都不是自己办的,那到底是谁在成长?谁是好律师呢?而且很多律师是很忙,但是忙着接案,而不是忙着办案,去饭局的次数多过去法院的次数,喝的酒比喝的"墨"多,那这种很忙

第一章　不一样的价值观

的律师又好在哪儿呢?

不考虑办案质量吗?一名律师能力再强,一天也就24小时,能办几个案件?如果一名律师一年要亲力亲为地办60件案子,甚至是60件疑案难案,平均下来能有多少精力能投入每个案件?可能这位能力很强的律师办60个案件的总体质量会比其他能力一般的律师办60个案件的总体质量高,但平均到每个案件的质量,就不一定有一年只办合理数量的律师高。对你而言,这还算好律师吗?

不考虑积累储备吗?律师确实是实践性学科,但没有理论支撑拿什么去实践呢?还是准备就拿自己的"紧急立法权"解决一切问题?而且律师不仅是实践性学科,更是复合型学科。就算一直在一线办案,律师也有扎实的法学功底,但如果不了解客户行业和痛点需求,就单凭法律这个工具也无法解决客户的所有问题,反而还可能制造出额外的障碍。但了解客户需求和行业不是说说就能有的,而是需要投入时间去交流和研究的,还需要时间去沉淀和消化的,很忙的律师有这个时间吗?

所以我认为:好律师不缺案子,但也不忙。不缺案子的好律师就应当挑案件做,把自己有限的时间和能力最大化,少接一些已经"没有经验值"或是"性价比低"的案件。"忙"是被动地被安排,"不忙"是主动地选择。

好律师不但不应当忙,还应当适当地闲。闲不是要律师"躺平",而是有充裕的时间可以投入理论更新、认知扩展，并可以用来锻炼身体、调整心情。律师的职业生涯很长，可持续发展才有可能发展好。把自己搞得很忙，是不良引导，也是加速行业内卷。

二、当下律师的几种主流状态

1. 蒙昧状态

多集中在实习律师阶段到领执业证前这段时间。对"律师"这个概念的集合体（包括职业、专业、行业等）还处于感性认知阶段，虽然已经入行，但对很多信息还是"看个热闹"的外行状态。由于还没消化完初来律师行业的新鲜感，在行业的体验感还算可以。

2. 焦虑状态

多集中在领取律师执业证前后到执业5年左右的阶段。随着接收的信息越来越多，自己的认识能力和欲望也在不断增加，律师行业的好和不好已经慢慢在面前展开。趋利避害是人之天性，如果有能力、有机遇能放大行业的优点，尽量绕过行业的缺点，那么焦虑的时间不会持续太长,就能进入平衡状态。

但大多数律师并没有这个能力和机遇,在与焦虑的对抗中,有的选择了改变(换团队、换方向、换行业),有的选择了内耗(欲望得不到满足,想干点什么又不知道该干什么),直至进入浑噩状态。

3. 浑噩状态

进入浑噩状态的律师分散在各个执业阶段,就看什么时候对焦虑妥协。对于行业,该吐槽的吐槽完了,无力改变;对于专业,能搞好的已经搞好了,不想再搞;对于团队,大家都差不多,那我也这样就行了;对于客户,能发展的已经发展了,其他随缘。只要行业还在,就当一天和尚撞一天钟,行业不在了,大概也有办法不让自己饿死。

4. 平衡状态

进入平衡状态的律师也分散在各个执业阶段,就看什么时候遇到并抓住这个机遇(行业红利、师徒缘分),在适当管理一下欲望后,没有受到多少焦虑的困扰,生活和工作相对平衡,属于别人眼中的"赢家"。

对于行业,只要不伤筋动骨,能配合就配合,要出力也能出点力。

对于专业,只要做得比身边的同行好,有一定的竞争优势,那维持住就行了,不用搞得太辛苦。

对于团队，只要比外边其他团队过得好、把他们顾好（至少不要被吐槽），也就够了。

对于客户，把手中几个大客户服务好，其他的随缘就行了，毕竟生活质量还是要保证。

如果作为律师的你，现在还不在上面这几种状态，那你就一定是"不一样的律师"了。

第二章

不一样的专业观

忙和不忙

忙不是因为事儿多,是因为被安排;
被动地思考,被动地行动,被动地接受变化。
想要不忙,必须反被动为主动。

不一样的庭审理解

一、律师开庭到底在开什么？

作为诉讼律师，开庭是一项核心工作，但弄清楚开庭的目的是什么，是做好这项核心工作的前提。

1. 帮法官梳理问题

律师和法官不是对抗关系，而是协助关系。一旦没搞清楚这个关系，这个庭十有八九会开得不妙。

如何让一个还没有来得及看卷宗的主审法官，在一两个小时内，理解这个诉讼的来龙去脉、争议焦点、核心证据，是双方律师都应该做的基本工作。

如果双方扯来扯去、演来演去，而没有提高主审法官对这个案件的理解效率，那还不如别开庭，大家都提交书面意见，让主审法官回去自己慢慢看就好。

2. 判断法官裁判方向

听出弦外音、话中话,是诉讼律师开庭的必修课。

主审法官为什么问这个问题?为什么这样记录这句话?为什么持这种态度审理?这些问题的背后都蕴含非常有价值的隐性信息量,而且只能在开庭(或庭后的电话沟通)时获得。有了这些信息量,才有可能判断主审法官的裁判方向,才能更好地重新组织、补充证据,选择下一步的诉讼策略。

3. 影响法官心证

文字的情感表达远不如语言,法官也是正常人,会受感情和价值观影响。而相当一部分案件,都是由主审法官的自由心证来决定案件结果。所以在某些必要的案件中,律师当庭的主张、意见、抗辩,或以法律、以人情、以常理,或真诚,或谦逊,或激烈的表达,都应该以影响法官心证为目的,而不是以无意义的问题、事件诱导出的无目的情绪。

这也是诉讼律师开庭的最高价值所在。

二、法官的问题能提前预判吗?

其实大部分是可以的。

庭审中60%都是基础问题,大部分主审法官都会问。如果没问,只能说主审法官的经验比较丰富,自己补充了相关问题的答案。对于庭审的基本问题,主审法官可以不问,但律师不能不准备,如果没有提前准备,在庭上现翻现找,不仅没有效率耽误大家时间,更给主审法官和当事人造成不好的观感,一定程度上影响案件结果和客户对律师的评价。

庭审中20%~30%的问题来自相对方的证据和抗辩。自己当事人这边的故事版本,和对方视角下的版本肯定不同。虽然不能完全想象出对方的故事版本,但通过和当事人沟通,不断挖掘和分析现有信息,也可以大概形成一个框架,只要不超出这个框架的问题,基本还是可以做出相对充分的准备的。如果没有准备好这种对抗性很强的临时问题,会在庭审过程中大大掉分,直接影响法官心证和案件结果。所以,这20%~30%问题的应对,也是诉讼律师的核心价值之一。

但是庭审中,还有10%~20%的问题来自主审法官的个人风格，这部分问题可以说完全无法预期。不同的主审法官有不同的关注点和视角，需要律师对个案的情况了解得十分细致，有足够的经验和反应能力，甚至还需要现场分析法官的能力（就像前文说的"判断法官裁判方向"的能力），这也是优秀律师和普通律师的差别所在。

当然，并不是所有问题完全都被你预判到了，这个案件就一定能达到完美胜诉，预判问题只是让这个案件的事实和证据可以充分发挥它们的作用而已，案件是否被支持，最终还是要回归到事实是否合理、证据是否充分。

三、别把庭审辩论当辩论比赛

虽然开庭庭审中也有一个辩论环节，但这个环节，特别是民商事诉讼中的辩论环节，和平时看到的辩论比赛还是有很大区别的。

1. 辩论比赛展示价值观，庭审辩论还原事实

很多辩题，比如"金钱是不是万恶之源""枪的发明是弊大还是利大"，其实都是价值观的展示，并没有需要证明的事实。辩手要做的只是用或鲜明，或犀利，或特别

的价值观去争取听众的支持，事实是什么样并不重要，因为每个人视角不一样、标准不一定，所以一定不会形成一个相对统一的答案。

而庭审辩论，却是要以证据为基础去还原案件事实——证据在前，价值观在后，需要用法律的视角和标准去看这个案件，脱离证据去谈价值观只会让法官反感。

此时的价值观应当从抽象到具体、从普遍到个体，律师所要争取的不是尽可能多的听众支持，而是几位法官的支持。

2. 辩论比赛是对抗，庭审辩论是协助

辩论比赛中，对方的每一个观点，甚至每一句话都要一一回应（很多律师在庭审中也会有这个现象），生怕一句话没接上就要输，经常搞到一个主题的逻辑不断变化，场面也是热火朝天。

辩论比赛本质是一种表演，能让场面火爆起来也是一种表演效果，而庭审辩论虽然也可以有一定的表演成分，但归根到底还是要协助法官把基本事实和焦点问题理解到位。

两位律师"话赶话"说得热闹，法官可能一句话没听进去，甚至在想自己的问题，如果当时还没有旁听的当事人，那这次庭审的唯一观众就是书记员了（书记员很可能也是翻着白眼看的）。

3. 辩论比赛强调"名",辩论环节注重"实"

在辩论比赛中,"白马非马""坚石非石"的观点可以引起思考和喝彩,甚至"万恶之源"的"万"是不是代表"所有",这种咬文嚼字的辩点都能让观众耳目一新、赢得支持。

但在庭审辩论中,这种过分强调"名"的辩点,只会让大家尴尬。在真实的民商事案件中,几乎没有一个案件是在"名"上就能解决问题的,那种一个字的偏差让一方损失几千万元的案件,绝对有为了宣传的夸张成分。因为每个案件都有具体的实体权益需要优先保护,现实中有大量的辅证和惯例可以让一个字、一份合同的理解并不局限于字面。

在庭审辩论环节大谈对个别字的理解,却对实际履行情况避而不谈,很难赢得主审法官的支持,甚至会让主审法官在心证觉得:在这件事上,你是心虚的。

不一样的法律理解

一、商事交易中只有两种合同：买卖和租赁

根据标的物的所有权是否转移，可以将标的物所有权转移的合同，全部归为买卖合同；把标的物所有权不转移的合同，全部归为租赁合同。①

用这一个原则，就可以把所有的有名合同和无名合同的核心固定下来。因此，根据买卖标的物的不同，有名的合同的名字也就不同：比如买卖标的物为电、水、气、热力的供用电、水、气、热力合同；买卖标的物为服务或行为的运输合同、委托合同；买卖标的物为权利的技术转让合同；还有买卖标的物为一般物的如衣、食、住、行的狭义买卖合同。

同样，租赁标的物不同，有名合同的名字也就不同，比如租赁标的物为一般物的狭义租赁合同和当租赁标的物

---

① 为便于理解，此处表述仅是借用传统法律概念中"标的物""所有权"等概念，但其含义并非和传统定义完全相同，如"服务""行为""权利"也可视为某种可转移所有权的"标的物"。

为货币的借款合同。

另外，还有比较特殊的两种有名合同：一是保证合同，因为它本身不存在独立标的物，是只能依附买卖合同或租赁合同存在的从合同；二是赠与合同，它是不限标的物的种类，但交易对价为零的买卖合同。

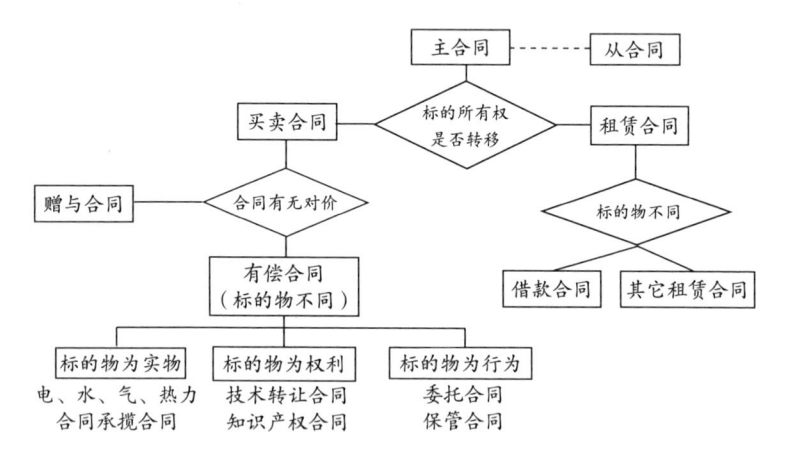

```
                    主合同 ------ 从合同
                       │
         买卖合同 ──〈标的所有权是否转移〉── 租赁合同
           │                                    │
 赠与合同──〈合同有无对价〉              〈标的物不同〉
           │                              │        │
       有偿合同                        借款合同  其它租赁合同
      （标的物不同）
    ┌──────┼──────┐
 标的物为实物 标的物为权利 标的物为行为
 电、水、气、热力 技术转让合同  委托合同
 合同承揽合同   知识产权合同  保管合同
```

如果明白商事交易中只有买卖和租赁两种合同，那就会明白：买卖合同的底层逻辑都是统一的。所以在合同条款的设计中，就需要围绕标的物所有权展开，如标的物交付责任、标的物瑕疵责任和标的物附属权利归属条款等。

也就明白了，各种各样的"买卖合同"，只是因为标的物有一定的特殊性，需要用专门的法律规定去明确、指导，但底层的法律逻辑仍然是买卖合同逻辑。

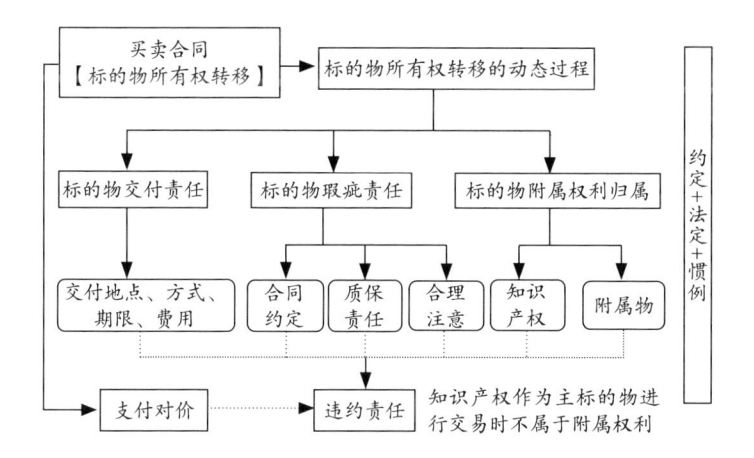

```
┌─────────────────┐     ┌─────────────────────┐
│   买卖合同      │────▶│标的物所有权转移的动态过程│
│【标的物所有权转移】│     └─────────────────────┘
└─────────────────┘              │
         │          ┌────────────┼────────────┐
         ▼          ▼            ▼            ▼
   ┌──────────┐ ┌──────────┐ ┌──────────────┐
   │标的物交付责任│ │标的物瑕疵责任│ │标的物附属权利归属│
   └──────────┘ └──────────┘ └──────────────┘
         │      ┌────┼────┐      ┌────┬────┐
         ▼      ▼    ▼    ▼      ▼    ▼
   ┌─────────┐┌────┐┌────┐┌────┐┌────┐┌────┐
   │交付地点、方式、││合同││质保││合理││知识││附属│
   │ 期限、费用 ││约定││责任││注意││产权││ 物 │
   └─────────┘└────┘└────┘└────┘└────┘└────┘
         │           └────┬────┘
         ▼                ▼
     ┌──────┐        ┌──────┐   知识产权作为主标的物进
     │支付对价│········│违约责任│   行交易时不属于附属权利
     └──────┘        └──────┘
```
约定＋法定＋惯例

同样，租赁合同的底层逻辑也是统一的。别看有名合同中只有租赁（狭义）和借款两种租赁合同，其实在无名合同中，有许多不转移标的物所有权的不同表现形态和商业模式，比如"明股实债"问题、"明保实贷"问题，如果能够理解统一的"租赁合同"逻辑，相关问题就可以迎刃而解了。

二、多问为什么，你也可以预测法律

以"流押"条款为例：

《中华人民共和国物权法》(已失效)

第一百八十六条　抵押权人在债务履行期届满前,不得与抵押人约定债务人不履行到期债务时抵押财产归债权人所有。

把"流押"翻译成"大白话"就是:你的房子抵押给别人了,并且同意:如果还不起钱,这个房子就直接是别人的了。

这个法条经常被理解为:约定为"流押"的条款,该条款应当无效。但为什么无效呢?这个法律规定合理吗?我们理解得准确吗?

首先,来看看为什么不得约定"流押"?

在现实交易中,双方市场地位大多处于不平等的状态,在这种情况下所签订的合同,一方由于形势所迫以极低的价格抵押财产很常见,而"流押"就导致了抵押权人可能获得远超抵押物市场价格的收益,而这种超额收益,超过抵押担保制度的兜底属性,有显失公平的可能,因此需要立法加以规制。

那么,在债务履行期届满后再约定"流押"行不行?如果明白了为什么不得"流押"的底层逻辑,会发现这时候的"流押"又可以了。

一是因为债务履行期届满后,再约定"流押"就不是抵押性质了,从担保性质变成了主动以物抵债,已不存在"流押"的基础。

二是债务履行届满后,抵押物可以马上以市场价格变现,从客观上削减了显失公平可能。当然,抵押人此时再自愿放弃市场价格抵债,就是权利自主行为了。

但是,为什么约定"流押"就一定要无效呢?

其实,"流押"本质是抵押担保,而抵押担保行为是合法的,"流押"只是存在抵押价格锚定不合理的问题,法律没有必要过分介入,去认定全部约定无效,只需解决"流押"中抵押价格公允问题即可。

那么,最简单的方式就是在"流押"约定中,认定抵押行为有效,价值固定行为无效,需要以抵押物变现时的市场公允价值为准进行拍卖。即把"流押"约定转为正常抵押约定即可("流质"条款同理)。

所以,原来很多人把"流押"条款理解为"当然无效"是不准确的,当然原来的法律条文表述也部分导致了这种理解歧义,于是民法典将其调整为:

第四百零一条 抵押权人在债务履行期限届满前,与抵押人约定债务人不履行到期债务时抵押财产归债权人所有的,只能依法就抵押财产优先受偿。

第四百二十八条 质权人在债务履行期限届满前,与出质人约定债务人不履行到期债务时质押财产归债权人所有的,只能依法就质押财产优先受偿。

"优先受偿"的隐含逻辑就是抵押物要按拍卖时市场价格变现再受偿,而非直接按合同约定的固定价格抵债。

多问几个为什么，不仅可以真正地理解法律规定的意义，也可以找到现行法律中表述不合理的地方，从而预测法律未来的调整方向。

三、法律是讲逻辑还是谈经验？

1. 法律的生命是逻辑，而灵魂是经验

经验无法复制，而逻辑却可以共通。法律的信息只能通过有逻辑的表述来传递，才能具有可预测性。

没有逻辑的法律等于没有法律，而没有逻辑的经验，等于回归不可知论，甚至偏离法治，走向人治。

但只有逻辑，也无法填满人类生活的方方面面。"法不外乎人情"，而什么样的"人情"值得被当下的法律所保护，就需要用综合的经验加以判断。

没有经验的法律人等于法律工具人、直译人，也容易手里拿着锤子，看什么都是钉子。

但是，法律的生命并非"不在于逻辑而在于经验"，而是"法律的生命在于逻辑，灵魂在于经验"，逻辑和经验就像生命和灵魂的关系，没有生命本体，谈灵魂过于虚

无；没有灵魂加持，有生命本体也只是行尸走肉。

2. 有逻辑地补充经验，有经验地强化逻辑

逻辑和经验应当协调增长，但在增长过程中，也会有一定的先后顺序：有的在运用逻辑演绎的时候形成了更为抽象的经验总结，有的在大量的实践经验中总结出了稳定的逻辑。

但如果两个方面成长不够协调，就可能会成为"唯逻辑"论和"唯经验"论，就会让"生命"和"灵魂"分离，形成"机械论"和"玄学"。

从法律角度来看，法律既不能全是逻辑而过刚，也不能全是经验而过柔。

从律师办案角度来看，单一的认知都有局限性，如不能辩证统一必然不能帮当事人争取到最佳结果。

从律师成长角度来看，正是因为逻辑和经验是需要交替成长、相互匹配的两种要素，才让律师行业成为一个需要在两个方面不断学习和持续进化的中、后期行业。

第三章

不一样的案件观

商业的"阴阳面"

商业的"阳"面是利润最大化,合作共赢。

商业的"阴"面是风险最小化、分担风险。

解决商事争议,不仅需要法律知识,更需要商业思维,才能阴阳调和,定分止争。

什么是疑难诉讼案件?

一、到底什么样的案件才算是疑难案件

1. 缺少核心证据

打官司就是打证据,缺少核心证据的案件胜率会大大降低。比如买方没有支付证据,卖方没有交付证据。

但没有核心证据不等于没证据,通过挖掘和组织其他证据,再加上交易习惯、法律规定的补充,也是可以达到核心证据证明效果的。

所以,此类案件难点在于:当事人/代理人如何判断何为核心证据、如何补强证据。

2. 法律适用存在交叉

由于双方当事人在事实行为上的理解不同,在法律层面上就会出现部分交叉的现象:既可能是投资关系,也可能是借款关系;既可能是合作关系,也可能是劳动关系;既可能是侵权责任,也可能是违约责任。

不同选择会导致不同后果，专业人士给出的专业分析就显得尤为重要：哪种选择最能保护当事人利益、哪种逻辑最能获得法官支持。

所以，此类案件难点在于：当事人/代理人无法精准判断最佳路径，以及判断后如何为其设计可行方案。

3. 现行法律未明确规定

法律有一定的滞后性。大多是先出现了问题，才会出台法律来纠正。那么从出现问题到出现法律规定之间就有一定的空白期，而此时的问题就会出现无法可依、无先前判例可参考的情况。

所以需要用其他相对类似的案件判决、法律原则、宪法精神、立法原理、经济学原理、社会学原理等底层逻辑交叉推演，以期与当下社会情况和司法精神达到和谐一致，取得"预判立法""推进立法"的效果。

所以，此类案件难点在于：需要当事人/代理人对法律设计的底层逻辑较为清晰，且具有较强的复合知识储备。

4. 现行法律与当下道德理念相冲突

法律不仅有滞后性，还具有稳定性。明知当下的价值取向和道德理念已经发生变化，而当初立法的思路并不一定能及时调整，就会导致：

按照现行法律规定应该这么判，按当下价值取向和道德理念应该那么判。

此类问题需要法官运用自由裁量权来进行调和。所以当事人或代理人需要影响法官心证,以期获得法官内心支持,让法官在案件审理过程中运用审判智慧,使每个人都能在司法案件中感受到公平正义。

所以,此类案件难点在于:需要当事人或代理人有较强的沟通能力和情绪感染力,也需要碰到真正想解决问题的法官。

二、诉讼案件难度如何划分?

如前文所述,疑难案件有四个标准:

① 缺少核心证据。

② 法律事实存在交叉。

③ 现行法律未明确规定。

④ 现行法律与现行道德理念相冲突。

但如何用这四个标准来划分疑难案件呢?以下是个人意见,供参考:

不涉及第1~4种情况的案件难度在1~2分,因为仅需要注意程序的问题和庭上发表意见的完整性,所以每个案件都有1~2分的基础难度。

缺少一些补强性证据和细节证据的难度加1分。

缺少核心证据的案件，难度视情况加2~4分。

法律事实存在交叉的案件，难度视情况加2~4分。

现行法律未明确规定的案件，难度视情况加2~4分。

现行法律与现行道德理念相冲突的案件，视情况加2~4分。

一个涉及第2、第3、第4种情况之一的案件难度至少在3分（如情况2＋情况6），难度上限可能为4~8分（如情况1＋情况2）。

一个涉及两处及以上第2、第3、第4种情况的案件难度大部分在6分及以上。

综上，结论为：4~6分为有难度的案件。6分以上为复杂、疑难案件。

序号	难度类型	难度值	难点	备注
1	缺少核心证据	2~4分	判断何为核心证据、如何补强证据	一、每个案件基础难度在1~2分。二、第1~4种和第5种情况不兼容。三、第2~4种情况大多同时存在第1或第6种情况。
2	法律事实存在交叉	2~4分	判断最佳路径并为佳路径做可行性分析	
3	现行法律未明确规定	2~4分	对法律设计的底层逻辑较为清晰，且具有较强的复合知识储备	
4	现行法律与现行道德理念相冲突	2~4分	有较强的沟通能力和情绪感染力	
5	证据齐全，法律关系清晰	1~2分	程序性问题和意见发表的完备性	
6	缺少补强性证据和细节证据	1分	发表意见有针对性	

办好疑难案件，需要有什么样的觉悟？

一、四句话讲完一个案件

第一句：讲大案由＋交易背景

案由不用说得太精确，有个方向即可，因为案由本身也可能成为争议焦点；交易背景找一两个关键的、信息量最大的标签即可，少即是多。

比如一个关于国有企业存在挂靠或转包的建工合同纠纷、一个关于一人公司隐名股东的知情权纠纷。

第二句：讲主要矛盾点、主要诉求

一个很口语的信息即可，不用翻译成"法言法语"，简单来说，就是别人为什么起诉你，或者你为什么起诉别人。

比如发了货没给钱、货不行但不退货，公司不分红、开股东会不叫我，开除没给赔偿金、想离婚分割财产等。

第三句：讲案件争议焦点

一般争议焦点分为以下两种：

事实争议：有没有发货、质量行不行、金额对不对等。

法律争议：是转包还是挂靠、是投资还是借贷、是用新法还是旧法等。

第四句：讲代理难点

实体层面主要有四种：

①缺少核心证据。无法完全证明关键事实。

②法律事实存在交叉。需要选择并争取哪条路径。

③现行法律未明确规定。需要进行法律推理。

④现行法律与现行道德理念相冲突。需要设计多元方案。

非实体方面有：客户特殊需求、方案设计、程序难点、体力工作量较大等。

如果你真正"粉碎性"地消化了一个案件，再难的案件，都可以用这四句话讲完。不要觉得四句话会漏掉太多信息，和你交流的人，自然会在这些框架信息内根据他们的理解和需求提出更具体的问题，来攫取更深层的信息。

你要做的，就是节省他人切入理解你案件的时间。

二、律师的工作不只是"打官司"

律师在大多数人的印象里,主要工作就是"打官司",但除了"打官司"外,律师其实还有很多隐性的工作内容。

1. 翻译工作

由于法律条文的高度概括性,很多平时都认识的字,放在一个法条里,大多数人可能真的不知道是什么意思或者一知半解。

律师需要把法律语言翻译成大白话让客户理解,也需要把客户说的大白话翻译成法律语言让法官减少工作量。所谓"以事实为依据,以法律为准绳",说的就是要把事实情况翻译到法律语言的体系中,然后在这个体系里,用法律的规则,再对是非曲直做出判断,否则事实和法律各有各的语言体系,没有统一到一个沟通语言内,是无法化解一个矛盾的。

翻译得越"信""达""雅",各方能获得的有效信息才可能越多,化解矛盾的可能性才越大。

2. 情绪排解工作

一旦发生矛盾,客户大都是心里不忿,甚至怒气冲冲,觉得完全是对方的问题,全都是自己吃了大亏。在大量情绪的包裹下,客户很容易做出很冲动的决策,比如要和对方"鱼死网破",去拉横幅、跳天台之类的,反而把本来有理的事情变成了一件理亏的事情。

这时候,律师的工作就需要先排解客户的情绪,只有排解了情绪后,才可能真正了解到相对客观的事实经过。何况有些问题,其实本质就是个情绪问题,等他把情绪发泄完了,静下心来发现问题也没那么大,可能稍微聊一聊,就有一个各方都能接受的方案。

半开玩笑说,律师收的咨询费(特别是在婚姻家事案件中),可能大部分是心理咨询而不是法律咨询的费用。

3. 风险提示工作

一个决策是否合法、最新的规定如何解读、需要付出多大的法律成本处理,都在律师风险提示的工作范围内。但很多律师会碰到一个误区,就是认为风险提示只关注"是否违法"这一条线就够了,这就导致律师不像问题解决者,反而像问题制造者,只会说"这个违法""那个也涉嫌违法",但又没有任何解决方案或者把违法的程度和后果阐明,就使得客户越来越不敢,也越来越不想咨询律师。

要知道任何事都是有风险的,有风险才有收益,而且律师和企业家、老板天生的风险偏好是不一样的,所以律师给的风险提示一定要有层次,哪一个风险是踩了红线完全不能做的,哪一个风险是可控但需要做一些防护措施的,哪一个风险是可以忽略不计、让客户放心去干的。

风险提示得越精准,律师的作用才越大。

三、诉讼中的问题,已经是相对最简单的问题

第一层问题:这个案件如何打赢。

一个案件如果仅从诉讼阶段开始代理,对律师来说工作量相对是较小的(所以很多律师很喜欢代理被告,因为被告代理人的起点就是应诉)。从诉讼开始代理的案件只需考虑如何打赢,面对的对象是法律问题、法律逻辑和法官,过程单纯且(应当)熟练应对。

这个层面所需要的知识和技能相对最少,所以和客户建立信任和黏性的强度也最小:除非你能保证100%胜诉(但涉嫌违规),你才有可能获得客户信任。

第二层问题:如何运用多种工具把客户的问题真正解决。

解决一个问题，不一定全都要通过诉讼，或者一定要用诉讼策略来解决。甚至明知会败诉的案件，只要能解决部分问题或者推进整体问题的解决，还是可以作为工具选择的。而运用其他经验和工具来选择诉讼策略就不仅仅需要法律知识了，面对的问题也不仅仅是法律问题了。

能在这个层面思考和解决问题的律师，客户黏性和溢价都不会低。

第三层问题：如何让客户产生超级黏性，遇到所有问题时都会想到你。

在第一、第二个层面，和客户的关系还仅仅停留在法律问题，客户只有在出现法律问题时才会想到你，这种关系是相对单薄和脆弱的。

所以，解决法律问题只是切入点，力所能及地解决客户的所有问题才是目的。而且律师相对会计、心理咨询师、财税人员、知识产权公司、商业咨询人员，更有必要和客户走得更近。由律师牵头，其他行业人员配合解决相关问题，才会更稳健、权威。

当然，这不仅需要律师有很强的综合解决问题能力，还需要律师有很强的资源支持，更需要一点缘分，找到彼此认可的客户。

四、律师办好疑难案件,需要有什么样的觉悟?

关于办案的背景和定义:

1.针对民商事诉讼案件。

2.疑难案件值6分以上的案件。

3.一年10个新案(是指一名主办律师当年所接新案,不含未办结旧案)。

4.主办是指全程主办,从客户对接、制定策略、法官沟通、开庭调解、执行分配等全阶段的主办。

结论:想真正把一个6分以上的疑难案件办好,一名律师得有"一年最多办理10个新案"的觉悟。

理由:

一般案件,材料交给立案庭就行了。疑难案件,可能从管辖、原被告主体资格就要开始和法官沟通。

一般案件,立了案等开庭就行了。疑难案件,可能从财产保全、庭前质证就要全力以赴。

一般案件,开完庭等判决就行了。疑难案件,可能在庭后要不断地和法官沟通,推进进度、梳理细节、补充材料,在判决前和法官电话沟通的时间可能比开庭用的时间还要多。

一般案件，判决下来就结案了。疑难案件，判决生效只是刚刚开始，如何执行到财产才是真正的费心劳力。在执行过程中可能又要经历一遍立案、开庭、判决，甚至还需要进入破产流程。

而且，这还没有计算行业调研、案例研究、专家研讨等前期积累储备的时间。

当然，工作量过大，可以找团队和其他律师来合作，但前提是你的客户信任与你合作的其他律师，而且你能识别合作律师的专业能力，并愿意为他们背书。而这两点是律师行业的终极痛点，在解决之前，大多数律师还是只能亲力亲为。

那么如果案件过多，就必然有所取舍、产生内心的优先级排序，那必然就无法办好每一个疑难案件。

而案件过少，又无法养活一个想把疑难案件办好的律师团队，特别是对接到疑难案件也不敢把费用收高的律师而言，更是肉体和精神的双重考验。

所以想真正把一个疑难案件办好，一年最多接10个"6分及以上难度"的案件，而有这个条件和理念，且做这样决策的律师，凤毛麟角。

律师和调解

一、最考验律师能力的是调解,而不是判决胜诉

一说到打官司,感觉就是"短兵相接""你死我活",而提到调解就是"认怂""不得已而为之"。

但很多案件并不是非黑即白的,而且很多情况也不只有法律因素影响,手中只有法律的"铁锤",并不一定能解决真正的问题。

没有一个案件的判决是让双方都满意的,一审完了来二审,二审完了还有再审,再审不行,还有抗诉,这个案件真的有那么大的冤情需要当事人付出这么多精力去辩解吗?我看大多数案件未必,主要是个情绪问题,而且这个情绪问题还会随着一次次不如意的判决逐渐放大,从问题本身,传导到了对整个司法制度的不信任。

只有调解,才可以让双方相对满意,至少后续不会再有更多的精力耗费,让各方都可以回归正常的生活、生产节奏。但对律师而言,调解肯定是比判决更加消耗时间和精力的,这个成本律师不想承担,法官更不想承担,导致

调解成了一个只能随缘的事情。

但最适合做调解的,其实只有双方的代理律师。如果代理律师没有改变思维、提升相应能力,打官司必然是一个"零和博弈"甚至"负和博弈"。

如果所有的律师都有足够的调解能力和意愿,往小了说,可以节约司法资源;往大了说,可以重新定义司法秩序。

二、调解需要律师具备哪些能力?

1. 专业能力

没有专业能力,就无法定下谈判的锚点:到底是你赔还是我赔、赔多还是赔少,双方律师都应该有一个相对客观的评判标准,而不是一味地强调自己的利益。而双方律师能达成共识,一定是双方的专业能力达到同一水平而自发产生的共识,双方都认为本案主审法官会这么判决,而不太可能是一方去说服另一方——律师是最难被说服的群体。

而调解的难点之一就是如何画出一条双方都能接受

的线。而这条线，在判决之前，是需要律师给出相对准确的判断作为参考的：这个案件最好的结果是什么？最差的结果是什么？如果各让一步取中间值，有没有什么附加效益？

但大多数律师都无法给出这种参考，导致当事人的预期很难管理，甚至接案的时候就给出了已经超过这个案件本身能达到的预期（专业水平或者职业道德不够），把完全不能胜诉的说成完全有可能胜诉，那调解的基本线就很难统一。一个双方都觉得自己能完全胜诉的案件，如何调解？

所以一个案件想调解，一方律师专业还不行，需要双方律师的专业都在同一水平。

2. 取得当事人信任的能力

即便律师能够给出相对合理的调解方案，如何能说服当事人做出让步呢？这不是技巧问题，而是能获得当事人多少信任的问题。

但现在的法律服务市场，还存在"律师吃了原告吃被告"的刻板认知，而且大多律师本身就把自身风险的规避放在首位，两重因素影响下，即便在可能明知调解更有利的情况下，很多律师很难，也很怕全力做当事人的调解工作。

这不是针对某个律师，而是整个律师行业从整体来看都没有给当事人足够的信任感,所以即便有一方赢得了当事人的信任接受了调解,而另一方没有达到这种程度,哪怕调解方案再合理,调解也不太可能成功。

法官的调解工作也很难,因为即便他们的专业程度足够,但想赢得当事人的充分信任有天然的障碍(官民思维),也没有那么多时间精力去培养信任(一年三五百个案件的工作量),而且这还是要求双方都能同时信任法官的方案(一方不信任的就会让案件更麻烦),多重因素下,不能要求法官有更多的调解成果。

90%的调解都卡在代理人没有获得自己当事人的信任,甚至律师本身也不信任当事人:我按流程办事,无功无过、事成与不成,你都找不了我的麻烦。

双方当事人都走到诉讼了,肯定是相互的信任基础没有了,硬桥硬马的话只能让法官硬判,那基本没有一方会完全满意。而当事人找到律师,至少是有初步信任的,如何把这个信任做扎实,让当事人不会因为你提了中肯、客观、切实的方案而觉得你的专业能力不行,甚至职业道德有问题,才是律师最难做到的。

而做不到这一步,就很难做好调解工作,因为律师没有重构出新的信任链条:己方当事人信任己方律师——己方律师通过专业判断和沟通能力与对方律师达成共识——对方律师已获得对方当事人信任——达成调解。

这个链条缺少一环调解就很难闭环,那就只能期待一个能直接获得两方当事人信任的超级强人出现。

3. 沟通能力

律师看起来应该不会有沟通能力的问题,但其实这也是调解中经常遇到的问题之一,特别是部分律师经常话说得像铁板一样,硬邦邦又冷冰冰,还喜欢拿着法条去调解,甚至还和不懂法律的当事人谈法条。都说是调解了,谈法条不是又回到开庭审理了吗?调解时的沟通应该以挖掘双方当事人的真实意思和核心利益、以求达成共识为目标。沟通,是用别人听得懂的方式,而不是以自己擅长的方式说话。

有效的沟通,是成功调解的起点。

第四章

不一样的专业型律师理解

"

专业,是律师道德的底线。

"

如何判断律师的专业水平？

一、为什么律师的专业水平难以判断？

1. 结果难以量化

不像教师的水平可以通过升学率、分数提升来观察，医生的能力可以通过治愈率、症状减轻来量化，律师办理的案件结果是难以完全观察和量化的，中间过程有太多其他人为和非人为因素的影响，很难判断律师的能力对案件最后结果的贡献是否有效、是否最大，甚至诉讼结果本身就不像分数、病情一样是单向评价的：结果看起来是赢的，不见得是真的赢；结果看起来是输的，不见得是真的输。

2. 标准难以统一

判断律师"好坏"的标准，有人用执业年限、有人用创收水平、有人用社会职务、有人用过往履历、有人用经办案件。但执业年限可能是"躺"的，创收水平可能是

"虚"的,社会职务可以是"挂"的,过往履历可能是"编"的,连经办案件也可以是"混"的。

比评判标准不统一更可怕的是,这些内容的真实性都无法判断。

3. 信息传播不够

相对医生处理的病例,律师办的案件不会太多,导致传播基数低。一名律师一年的案件量在25件左右(2023年广州数据)[①],你的案件办得好或者不好,都很难快速地传播出去,那么对律师"体感"上的专业水平,就很难快速地形成共鸣和评价体系。

而且律师的市场相较教师和医生而言还是很小的,不是所有人都有律师服务的需求,但大多数人都有教育和医疗需求,与教师和医生相比,其信息传播的动力和强度自然是不一样的,这就导致好的教师和医生固然难找,但好的律师更难找。

没有足够市场的反馈,律师的专业水平也少了一个可参考的标准。别说客户难以判断,就连律师同行也经常找不到专业可靠的合作律师。

---

① 微信公众号"广东司法行政":《广州律师突破2.5万人,强化法律服务护航高质量发展》,2023年12月28日,https://mp.weixin.qq.com/s/qtrTxHjr1piv-XSIlpxRIg。

二、律师专业化是不是一个伪命题?

很多律所与律师都把"专业化"当作一个口号和必须面对的问题,但实际上,并不是每个律所和律师都有"专业化"的必要,大多数人对"专业化"的理解是存在误区的。

首先,专业化是有前提的,包括:

1. 案源足够

案源不够,一是会导致没有足够的训练素材,那就没有专业化的积累基础;二是会导致没有基础物质保证,那就无法满足想要专业化律师的基本生存需求,毕竟律师也是要吃饭的;三是没有这么多同一专业类型的、稳定的案件,都没法升级、筛选案件。

2. 有深度专业化的必要

大部分案件90%的法律问题,难度都在4分左右,可能一名律师的整个职业生涯,也碰不到某类案件难度8分以上的问题,那这类案件还有专业化的必要和空间吗?你能说在这个领域"很专业",只是因为你在这个领域有足够多的案源而已,如果把这些案源给到另一位能解决其它领域4分难度案件的律师,他也能在很短的时间内就能消除这类案件所谓"专业化领域"的知识壁垒,那么这类案件其实就没有专业化的必要。

3. 专业复合需求小

专业化是律师给自己的标签,标签是否符合,在见到客户那一面开始就不那么重要了,客户真正看的是能不能实际解决问题。如果只靠一部法律规定或者一个业务类型就能完全处理客户的问题,那可能还有专业化的空间,但大多数客户的需求是复合的、模糊的,是不可能在一两部法律、一两个业务类型里涵盖的,那么对专业化的需求也相对比较小。

其次,不走专业化路线也不等于要做"万金油"律师。这两个概念本来就不应该对立起来,二者中间有大量的中间形态,并不是非左即右。大部律师其实没那么"万金油",也没那么"专",复合形态才是符合客户需求、律师发展方向和法律逻辑的。

从客户需求来讲,本来就需要律师经验丰富且多元,而不是经验丰富但单一。

从律师发展来看,本来就需要律师跟着市场规律走,市场需要什么,就储备、学习什么,没有多少律师有自发要求专业化的必要和动力。

第四章 不一样的专业型律师理解

从法律逻辑来看,法律本来就是有完整系统的逻辑体系,不可能用单一的细分法律专业解决社会所有的复合问题。

所以,律师所谓的专业化并不是普适的标准和规则,而是:

一专多能,最好N专多能;

顺势而为,而非造势而为;

客户导向,而非自娱自乐。

我适合做专业型律师吗?

一、专业型律师的考核问题(民商事诉讼方向)

1.为什么民间借贷利率不得超过LPR的四倍?
2.为什么公司是有限责任?
3.为什么一人公司股东默认要对公司承担连带责任?
4.为什么抵押权可以优先受偿?
5.为什么劳动合同不在民法典合同编?
6.为什么有实际施工人的概念?
7.为什么合同无效了还要参照?
8.为什么夫妻是否承担共同债务,从夫妻一方举证变为由债权人举证?
9.为什么宅基地不能自由转让?
10.为什么对赌协议不是明股实债?

只有法律专业知识并不能真正理解法律问题,专业型律师需要知其然,还要知其所以然。多了解一些底层逻辑,才能解决更多、更广、更深的问题。

二、做专业型律师的潜力

1.连续发问的能力。这是好奇心和思考能力的表现。

2.应对别人连续发问的能力。这是储备、分析和总结能力的表现。

3.坚持和积累的能力。无论是锻炼、阅读，还是任何需要对抗本能的行为，都是专深一项技能的必备条件。这种长期主义的特征，如果过去没有，将来也很难有。

4.输出的习惯。写文章也好、做演说也好，有没有输出习惯，在和人的沟通中会表现出很大的差别，这也是专业型律师的必备技能之一。

5.对专业的情怀。简单来说，如果做专业型律师不如你想象的赚钱，你是否还会选择做专业型律师？

6.已经建立自信。专业型律师的自信不仅来自专业，也来自生活的方方面面。这样你才可能在没有专业支撑之时，坚信自己能成为一名专业型的律师。

三、一年看不到100个案例，还谈什么专业型律师

有很想进步的同行经常问，律师应该看什么书？

想了解律师行业，那看的应该是《法律人的明天会怎样》《致年轻律师的信》之类的。

想提升法学素养，应该看王泽鉴老师、杨立新老师等法学大咖的书。

想成为专业型律师，那看案例才是不二选择。

以诉讼律师为例，一个案例对律师来说，信息量至少有：诉求写法、原被告设置、证据组织方法、裁判说理逻辑、审判结果和价值导向，而且都是有血有肉的真实案件，对偏实践性的律师行业来说，没有比案例更好的"书"。

那为什么不是所有的律师都爱看案例？

首先是因为这些案例没有直接利益相关，研究一个和自己没有任何关系的案例需要有一定的自驱力，而且确实有点反人性。

那只有在强关系的案件中（自己代理或者合作办理的）多研究一些案例，把这个案件相关的案例吃透一些，横向和纵向的案例多扩展一些，来拓展自己学习案例的范

围。在弱关系的案件中（团队其他律师代理或关系比较好的律师代理的）也多动动脑筋帮忙找一些案例，既长经验，也做人情。再就是用输出倒逼一下，为了写书或者在自媒体平台发文章，用长期利益来给自己添点动力。

其次，是因为很多律师是看了很多案例，但没有看得太明白。其实看案例也是有门槛的，一个10分信息量的案例（也和案件难度相关），你只有攫取1、2分信息量的能力，当然是越看越没劲。

但没有量变就没有质变，要解决这个问题，只能多沟通、多交流、多碰撞、多输出，不要怕露怯，这时候不露，以后犯错的成本会更高。

执业前三年的新入行律师（因为相关经验少，值得研究的案例就相对多），一年研究100个案例（一个强关系的案件研究10个相关案例，10个案件就100个案例了），对想成为专业型的律师来说只是合格标准。

一年200个以上，才能算得上优秀。

一年300个以上，你才有可能比别人更快毕业。

四、专业,是律师的道德底线

教师、医生和律师三个职业,有不少相同点已经成为公众共识,比如说专业门槛、成长路径、重要程度,并且相较其他行业,这三个行业也都较为受人尊重。

教师因为师德而受人尊重,医生因为医德而受人尊重,那律师是不是因为律德而受人尊重呢?理论上应当也是。

那何为律德呢?

德,是道德。不论是师德、医德还是律德,都是一种职业道德,而要从一般的社会道德变为一种职业道德,必须先具备职业身份。

对于常人、非此职业的人,用该种职业道德去约束他的行为并无意义,因为他并没有适用该种道德约束的场景。而对于该职业的人,仅用社会道德去要求又无法体现该职业的特殊核心价值,职业和非职业的边界会模糊化。

要谈职业道德,必须基于职业身份的获得,而职业身份获得,关键就在于专业度是否足以与常人、非该职业的人区别开。换句话说,是否具备足够的专业能力,是获得职业身份的基础、是谈职业道德的前提。

试想,一名教师的社会道德水平再高,但教学能力不过关，甚至误人子弟，他能得到尊重吗？一名医生的社会道德水平再高，但医术不行，甚至误人性命，那还能谈得上有医德吗？

同样，一名律师如果专业能力不过关，即便人品再好，也不能称上有"律德"。

所以谈"律德"，首先应该谈律师的专业能力如何。换句话说，专业，应当是律师的道德底线。

专业型律师应该公开自己的观点

一、专业型律师一定要公开专业观点

专业型或想成为专业型的律师主动公开自己的专业观点，有以下作用：

1. 精准曝光，开拓间接客户

专业型律师主要的客户是间接客户——律师同行，而展示你的专业观点，是最能获得律师同行认可的方式之一。

曝光只是流量，精准曝光才能提高转化率，定位准确地传达信息量才是精准曝光。

而专业观点带来的信息量对同行律师而言，远比展示爱好、工作日常、自拍带来的信息量大。

2. 倒逼研究，提升专业自信

写过文章、办过讲座的同行都有体会，平时随口几分钟就能讲完的专业观点，如果要写成文章或者对外宣讲，所需要花费的时间就会成倍增加。如果是第一次输出这个观点，可能还要做出更多、更深入的研究。

而且在研究的过程中，可能又发现了更多需要研究的问题。

所以如果能坚持持续输出观点，你的知识体系会越来越丰富和清晰，从而不断增强你的专业自信。

3. 形成差异化，让你更容易被记住

每个律师都"号称"自己是专业型律师，网上随便一搜，不论什么层级律师都说自己"精通××法""对××法领域卓有研究""具有精湛的法律专业技能"。

先不说这些是不是夸大宣传或针对的是哪些客户，就说如果你想和他们竞争的话，你有什么不同的宣传方式让你的客户更能记住你？

而公开的专业观点，就至少能比这些标签式的宣传更深一层，你的"精通""研究"和"技能"至少通过有形载体背书，而不是同质化的泛泛而谈。

4. 职业理想，成为行业标杆

相信每个立志做专业型律师的同行都看过某某大咖、前辈的专业观点、书籍或讲座，不管他们的观点在现在来看是否还有效，他们在当时公开的观点，至少影响了一批人，而且成为这批人心中专业型律师的标杆。

自己说自己行不一定是真行，别人说你行才行，最好

是说你行的人也很行。有同行的专业认可才是真正的专业型律师，用专业观点获得了其他专业型律师的认可，才能成为专业律师的标杆，才能影响更多的人，并真正推动专业型律师的发展。

二、外行看胜率，内行看文章

很多律师经常标榜自己胜诉率有多高，其实经不起推敲：

1. 胜诉的标准是什么？

本来可以打赢500万元的案件，只支持了100万元，算胜诉吗？一个要输500万元的案件，只输了100万元，算败诉吗？没有明确的标准，估计两边律师都会说自己是胜诉方。

2. 你对胜诉做了多大贡献？

如果这个案子出庭不出庭、说了些什么，根本不影响案件结果，说胜诉率有意思吗？如果这名律师根本就没参与到很多案件中去，只是挂名或"借个业绩"而已，说胜诉率不害臊吗？

3.胜率的数据不透明

问起来就是90%以上胜诉率,甚至100%胜诉率也有人说,但这些数据又无从验证,那还不是他说啥就是啥。

谈胜诉率,不谈标准和过程,只能忽悠一下外行,真正看律师是否专业,要看他写的文章。

因为文章才能展示律师完整的观点和认知。

判决书基本是法官的观点,律师在庭上说了什么、怎么想的,别人是很难知道的。只有律师自己的文章,才能看到不止于判决结果的观点和认知。

而且律师为这个案件付出了多少时间、参与了哪些部分,当事人的感受也是模糊的,如果你就类似案件或专门针对本案写过专业文章,至少说明这名律师就本案进行了或进行过专业研究,并且还展示了他研究多少、多深,那不管最后庭审结果如何,这名律师都可以认为是付出了智力劳动的。

如果这篇文章是公开的,即便当事人是外行,也会有内行来批评、指正这篇文章。就算暂时没有,时间总会给这个观点一个公允的评价。律师的职业生涯很长,总有一天,他也会因为自己的这个观点承担后果,不论好坏。这才是让自己和客户建立了"风险共担"机制,客户为你的观点买单,你也要为自己的观点买单。

当然，也不是说写了文章的律师都专业，文章也有优次之分，也并非不写文章的律师就一定不专业，但通过看文章远比看所谓的"胜诉率"选律师，要靠谱得多。

关于律师的随想

一、诉讼律师的几个成长节点

1.第一次庭上发言。
2.第一次独立开庭。
3.第一次独立接案件。
4.第一次独立办自己接的案件。
5.第一次完全败诉。
6.第一次发表专业文章。
7.第一次合作办案。
8.第一次独立参加客户会议。
9.第一次给客户培训/宣讲。
10.第一次带实习生、实习律师。
11.第一次组建包含授薪律师的团队。
12.第一次主动调整团队人员。
13.第一次创收超过当地平均水平2倍。
14.第一次出书。
15.第一次被投诉。

二、律师和开车的差异

1.没驾照一定不能开车,但有驾照也不一定会开车。

——没律师证一定不能开庭,但有律师证不一定会开庭。

2.车上人再多,也只有一个人开车。

——司机是谁很重要。

3.用一次导航就能记住路,是天赋。

用十次导航才能记住路,可能是间隔时间太久了,需要集中练习一下。

用五十次导航还没记住这条路,是确实没天赋。

——有天赋当然好,没天赋就需要有方法和勤奋,没有方法也不勤奋,就不要在这儿浪费时间了。

4.你和别人说一遍怎么走,你能更快记住这条路。

——输出是最快的输入。写篇专业文章,你能更快知道你到底懂不懂。

5.先找到稳定能到达目的地的大路,熟悉之后,再找其他路。

再找可能更近的路、风景最好的路、正在建设的路。

再尝试找找有没有少有人走的小路。

——先把主流的大问题研究透，再来往下找小问题、深问题。

6.不要上来就找小路，小路不一定最优，而且不一定走得通。不仅浪费时间，还可能有危险。

——小路之所以为小路，是有原因的。

7.记住一条路最好的办法是：走错了。

——诉讼律师最大的成长素材是：败诉案件。

8.你对一条路越熟，走得越频繁，越应该有开发其他路的想法；否则，你对这个区域的看法永远局限在两点一线。

——要建立法律思维体系，就得一条路一条路地自主开发。

9.当对一条路足够熟悉之后，你对这个区域的理解自然就会不一样。

当对这个区域足够熟悉之后，你对探索其他区域的信心和效率，都会提升。

——律师的自信来自一个又一个法律问题体系的建立。

10.在一个区域无目的漫游，永远不会记住路。

——没有利益相关的案件，你永远不会太上心。

11.看别人走过的路，是不会记住这条路的，只有自己走一遍才知道。

——律师是实践性学科，经验不是教出来的，而是自己走出来的。

  12.注意交通规则,走错路只是浪费时间,而违反规则会有生命危险。

  ——注意律师执业行为规范。

第五章

写给法学生和实习生

没有交换,就没有一切

交换的出现是人类进步的原动力。

交易、替换、杂交、分享、交流,是它的同义词。

碰撞、摩擦、分工、融合、化学反应,是它的演化。

道德、城市、专业化、创新、科技、人类总资源提升,是它的成果。

没有交换,就没有一切。

想当律师,你准备好了吗?

一、和想当律师的朋友同步两个信息

1. 做纯专业型律师入门门槛提高、竞争白热化

①纯专业型的律师供给量大,差异化不足。

随着法学专业的不断扩招,法学生的供给量也不断加大,把进入律师行业的学历门槛越抬越高,硕士、海归都已经没有了绝对竞争力。而且法学院基本都是往学者型律师的方向上培养,同质化比较明显(拿你同学的简历来对比一下就知道,除了照片几乎没有太多不同点),那么想在律师行业的专业层面上有竞争力,只能在学历上越"卷"越高。

像过去那种拿着案件找有证律师的时代,已经过去了,现在过了法考,离入律师行业的门还有很远的距离,而纯专业型律师入门的机会和成本,更是很多新入行律师求而不得和无力承担的。

②纯专业型的律师"坑位"趋近饱和。

律师属于高度依赖信任的行业,而且没有退休制度。也就是说,一名资深律师,哪怕专业上有些瑕疵和落后(反正客户也很难识别律师的专业能力),只要没有犯很大的错误,就可以一直掌握客户资源。

大多数资深律师也不会因为到了退休年纪而主动把客户资源空出来、传承下去,或者放回到市场中去。

而客户资源又是有限的,所以新入行的律师能生存和竞争的空间也是有限的。

除非你的专业能力能达到降维打击,凭专业能力就能把前面"坑里"的人踢走,但这对新入行的律师而言,3年以内几乎不可能。所以大多数新入行律师只能靠着不断地定义一些新标签、细分一些传统标签,甚至低价策略,来获得一些竞争力。

③行业现状对专业型律师的需求分化。

在纯专业领域,高端业务没多少律师会做,下沉业务没多少律师想做;资深律师没动力去升级高端业务,新入行律师没能力接触高端业务;高端业务开拓成本高,下沉业务生存状态差。

律师行业没有一个健康的结构和梯队,律师必然都会向中间看似好做的业务拥挤,成为上不去、下不来的一群人。

除了行业本身的规律外,律师行业缺少复合型人才和有志人士去解决这些问题也是原因之一。没有一种机制能够让专业水平足够的律师匹配同样水平的案件,已经成为律师行业发展到下一个阶段的瓶颈。

所以,近年来纯专业型律师的竞争已经趋近白热化,想获得竞争优势,要么有专业能力上的降维打击,要么有不只是专业能力的复合能力。

2. 现在想做律师需要了解更多的维度

①行业维度。

像其他商业行业一样,入行之前就应该先了解一下这个行业是个什么情况,经过什么样的历史、走到了什么阶段、行业趋势是上升还是下降、最大的挑战是什么,以及现在最需要的是哪种人才,等等。

如果连自己的行业都不知道是个什么情况,只是跟着大部队闷头往前走,在行业红利期时问题可能还不大(毕竟猪都能飞上天),但到了行业非红利期的时候,没有理性思考过行业问题和规划职业方向的律师就会陷入迷茫和焦虑。

话说回来,这也是法学院教育与律师行业需求脱节的表现,没有几个法学老师走过完整的律师生涯或者十分关注当下的律师行业,那又如何能够给想当律师的同学一些行业建议和启发呢?

②社会职能维度。

法律行业不仅有商业属性，还有无法商业化的社会职能属性。把收入情况作为选择律师行业的第一要素，不仅不符合律师行业的现况，更可能不符合目前的政治方向。细心的朋友可能会发现，有很多律所、律协已经不公开发布当年的创收情况了，而且有越来越多的律所，都越来越强调党建工作。

当然，这也并不是说所有的律师都要像优秀共产党员一样有那么高的觉悟和道德水平，但作为整个社会的一分子，为社会、为行业、为别人做出自己的、无直接利益回报的贡献，可能是作为一个当代律师应当有的觉悟。

所以，一个刚入行或想入行的律师上来就和你谈个人专业成长、谈专业情怀，大多是片面的、单薄的，而仅谈律师的自由和体面生活，也可能是被误导的，更可能是不符合主流导向的。在信息不缺乏的时代，缺乏的是收集有效信息的能力，以及新的、至少是经过思考的想法。

二、非"法本"的律师有何竞争优势?

1. 扬长避短,复合优势

除非你是天赋异禀,否则绝无可能在传统法学功底上超过法本、法硕的同行,因为就算别人是在大学、研究生阶段"混"了4~6年,但在耳濡目染的情况下,"法感"也可能比非法本的你好很多。就算你加倍努力,那也还要期待别人不那么努力,否则这4~6年的相对距离永远无法缩短。

而非法本的优势在于,你有一套完全不同于传统法学的知识体系或非法学相关行业实践经验,用这套体系和法学体系交叉、融合发生的化学反应,上限可能远比纯法学的背景高很多,特别是在律师这种实践性行业中,多种思维方式会有更多元的方案,更加容易得到市场的认可。

稍微留心观察一下也不难发现,很多律师大咖都有复合背景。这种复合背景的优势不仅仅在于,你可以找寻法学和本专业的业务交叉点,更是一种抽象的思维能力。就像我本人,虽然是计算机软件专业毕业,但并没有做知识产权或是计算机犯罪相关业务,而是用一套理科生的思维,重新打造一套"法律理解和适用体系",同样可以在律师的传统的民商事业务领域，找到立足之地。

2. 失东收桑，客户优势

一个法本、法硕毕业出来的律师，同系同学或校友资源基本在公检法体系内或者公司法务，看起来好像专业对口，能够更好地交流业务或者介绍案件，但事实上是：你的同学和资源，也是你同学的同学和资源。而且随着法学生的扩招，校友资源已经被大量摊薄，一年甚至好几年都没有一个案件合作。如果你自己竞争力不够，还更容易被比下去，毕竟大家都是从业人员，更懂专业各方面的强弱。

而一个非法本出来的律师，整个班上可能就只有你一个人当了律师，大家都在同一个行业的产业链上，只有你是个"异类"，非常有记忆点，但凡出现一个法律需求，你都应该是第一选择（如果不是，那你确实有很多地方需要反思一下了）。而且随着你同学的发展，你的客户质量会越来越好，你的复合背景竞争优势也会越来越强。

长短相形，祸福相依，与其老是看到自己专业的短板和不足而犹豫不决，不如多看看自己的专业特点和天赋，在律师之路上走出一条不一样的道路。

第五章 写给法学生和实习生

同学，想好了再去实习吧

一、实习生去律所到底是学什么？

1. 明白什么是交换价值

千万不要指望团队律师能像老师一样去教你，因为上学是你交学费给老师，而实习是团队给你补贴。

第一次出校门实习要明白的第一个概念是：交换。你能提供多少价值给别人，这些价值是否足够交换你想要的。在不能向团队证明你可以提供足够的价值之前，最好不要奢求团队对你的期望能有多高。

明白这点，你就能理解团队律师为什么不会主动去带你，而安排给你的大多是杂活、体力活。

2. 明白实习到底交换的是什么

我相信大多数同学不是为了一点补贴去实习的，但如果只是为了学校的要求或是无聊，那也可以不用往下看了。

实习生提供体力劳动所交换的真正对价应该是：了解一个真实工作环境的机会，让你去挖掘你想要的信息。而其中最有价值的信息包括：

律所、自己团队的基本架构和人员配置；律所或团队内口碑较好的律师有哪些，他们为什么口碑好；实习生、实习律师和一、二年级律师都在干什么工作；自己团队的基本业务和业务流程；如果要做律师，自己大概喜欢什么类型的团队和团队负责人等信息。

3. 明白机会都是争取的

团队律师不会主动教你（如果碰到了肯主动教你的一定要感恩），但你如果主动请教，我相信大多数团队律师，甚至别的团队的律师，都会认真回答。

如果你能主动展现一些其他实习生没有的价值，我相信"识货"的团队也一定会提供相应的价值和机会给你。

两三个月的实习期间你到底能学到什么，其实最终取决于你有多主动。

二、除了整理卷宗,总得干点别的什么吧

有很多同学问:在当实习生和实习律师前几个月的时候,不是都只能做些杂活吗?除了碰运气找到很好的带教律师,还有什么是自己可以主动争取得到的吗?

其实有的,我就列举一下我个人团队对实习生和实习律师的一些规划和安排,当然,触发一些"任务",肯定是有前提条件的。早日达到某一细分项的"毕业状态",就能更快地接触到更多"任务"。

郑律思团队实习生、实习律师任务划分表一

行政类	文书类	诉讼类
1.卷宗整理; 2.文件归档; 3.邮件收发; 4.合同、所函审批流程; 5.会议室预约;	1.文书检查; 2.起草律师函; 3.合同审查; 4.起草法律意见; 5.起草课件PPT; 6.案例检索; 7.起草案例检索报告;	1.旁听庭审; 2.参与案件研讨; 3.诉讼文件复查; 4.起草诉讼文件; 5.参与立案; 6.参与庭审; 7.案件跟进;
毕业状态: 高效、低错。	毕业状态: 起草文书无须再大量修改。	毕业状态: 全流程独立代理案件。

郑律思团队实习生、实习律师任务划分表二

客户类	带教类	品牌运营类	天赋类
1.客户接待； 2.参与客户会议； 3.客户回访；	1.带教实习生； 2.带教实习律师； 3.同时带教多名实习生、实习律师，并协调好团队律师，组织、分配好各人学习和工作任务；	1.微信公众号管理； 2.活动组织； 3.海报设计； 4.新媒体运营；	还想干什么，尽管提，尽量满足。有什么才华，尽管展示，尽量匹配。
毕业状态： 独立维护好客户。	毕业状态： 被动流失率低，没人在背后大量吐槽你。	毕业状态： 肉眼可见的放大了团队影响力和专业成果。	毕业状态： 发现并发挥自己的天赋。

三、没有充分了解案情就去观摩庭审，你会发现……

很多实习生和实习律师很喜欢让我带他们去看庭审，但感觉他们对庭审有很多误解和"滤镜"，所以我很想对他们说：

1. 逛法院真不如逛公园

抱着去不同法院打个卡的心态去观摩，会发现各个法院其实大同小异，只是为了在法院门口拍个合影，在里面磨个把小时的屁股，性价比实在有点低。真的不如去附近公园逛逛算了，心情还没那么压抑。

2. 庭审真的不是TVB

从小受各种律政剧影响，想象开庭有多么剑拔弩张、唇枪舌剑，朋友们，到了真实法庭观摩一定会失望。大部分案件要么是"三言两语＋庭后提交书面意见"，要么是长篇大论不知道他们在说些什么，甚至有时候感觉庭审和菜市场吵架也没多大区别。

3. 开庭真的不是给你上课

如果是抱着"纯学习"的态度去观摩，不好意思，在场没有一位有"纯教你"的态度，如果你不了解案情，从哪儿听？听谁的？听什么？说的有什么用？有用的怎么说？完全是云里雾里，没有你现场发问的机会，也没有谁会给你庭后答疑。

所以，没有充分了解案情去观摩开庭，你会发现：除了满足一下好奇心，你真的是在浪费时间。

四、"能学到东西",是不是个伪命题?

很多实习生和实习律师在提实习要求时大多会说,"能学到东西就行。"看似合情合理,但其实经不起推敲:真的有学不到东西的工作吗?如果真的有,我想只有以下两种可能:

1. 工作给你的东西你不想学

大多数同学认为装订卷宗、跑腿打印等杂活没东西可学,可这些"东西"里面难道就没有一点"学问"吗?那为什么有的同学效率奇高、差错极少呢?当然,也不是说这些活有多么"好",但至少也没大家想象中那么差,并非完全没有技巧可学。

还有部分同学认为自己学的是某个专业,而实习工作给的"东西"和所学专业完全不一样,也没有兴趣和自信去开拓这个专业领域,导致本来有十分信息量的工作,最后只学到两三分的皮毛,那当然很难"学到东西"。

其实工作带来的东西不仅仅是纸面、书面上的那一点内容,"世事洞明皆学问,人情练达即文章",只要你在一个和人交往的空间,就有无数的信息量等你去获取和分析,这个过程同样也是学习的过程,只是看你想不想去学。

2. 你自己没有主动获取信息的渴望

和学校被动接受信息不同的是,在实习过程中,你眼中没活,那就真的没活了。把工作当作指派的任务,这和学校的"填鸭式"教育一样,能获取信息的效率是相当低的,最后当然会导致你感觉"没学到东西"。

这其实和很多同学会说的,在大学"学不到东西"是同样的道理,大学主要的培养模式就是自学,教师只是引导和启发,你不主动获取信息,信息不会自动向你靠拢。所以可不可以理解为,在实习时提"能学到东西就行"要求的同学,在大学也并没有学到多少东西?

实习简历怎么做?

一、简历如何差异化

帮很多同学或同行内推简历的时候,我的初步要求是"尽量差异化",但什么是差异化,我是这样理解的:

1. 硬实力差异

学校、学历、特殊经历这种硬实力,本来就自带差异化的信息。但这种差异化,不是调整简历就能够获得的,属于天然差异化,有就有,没有就真没有(但已然很"卷",大多数同学真的很难特别有差异化)。

2. 量化差异

很多简历的经历都是真的只写经历:某年某月去法院实习一个月、某年某月去律所实习两个月、某年某月参加什么社团或组织……如果你有机会大量看过别人的简历,你一定会觉得这些表述大同小异,很没有辨识度。

而这些经历，只要你是用心去做的一些事情，一定是可以量化的，比如"参与开庭n次""收集相关案例50个"，哪怕是整理卷宗，你写"1个月整理100份"，也比仅仅写个"工作内容：整理过多份卷宗"更有差异化了。

3. 实质化差异

很多简历都写了很多校园活动和荣誉证书，占的篇幅也不少，先不说这些荣誉和活动的含金量，你首先应该让面试官知道你在这些活动或荣誉中都做出了什么具体贡献，体现了你的什么具体品质，而不是一笔带过去写些没有什么信息量的活动名称，简历不是简单的列举，而是能展示你真实的自己的窗口。

4. 个人化差异

每个人都有自己的相对特长，不论是有体育天赋，会唱歌跳舞，还是文笔了得、发表了很多文章，或者是对大数据、人工智能有所研究，都可以写到简历里的。而且是越量化、越实质化、越不同、越好。

不要害怕这些信息好像和工作没什么关系，简历的作用只是争取一个面试的机会，并不能证明你有没有工作能力。

只有足够多的差异化信息，你被记住的概率才会更大，并且得到面试机会的概率也会更大。

二、简历不能有的基础错误

直到最近,收到的很多简历还会有一些比较基础的错误,而且看起来好像都是无伤大雅的问题,但在律师行业,错误越基础,越容易让你倒在第一关。比如:

1. 没有照片

现在简历一般很少写性别了,所以没有照片就没有其他信息判断性别了。

而且在简历中,眼缘还是非常重要的,一张不错的照片,多少是有些信息量可以提供给面试官的。而且尽量使用登记照、工作照的风格,比较不会出错,硬要尝试其他风格的话,赌的成分就比较大了。

2. 没有岗位需求

很多招聘都是同时招很多岗位的,如果你没有标明岗位需求,面试官还要结合时间线去猜你的需求,那必然印象分会降一点了。还有同学把投给别的公司岗位的简历直接没改就转发过来,这边根本没有这个岗位,有这样的错误那大概率是要被pass了。

3. 没有注意文件名称

文件名称是简历的第一信息量,一般应当将最重要的信息展示出来:姓名＋求职岗位＋学校、优势、特点。但很多同学发过来的文件名是没有命名的,浪费一个展示机会不说,也增加了面试官归类的工作量。

诸如此类的问题还有很多,其实有时候得到一个面试机会,并不是因为你的简历有多优秀,只是因为你比别人犯了更少的错。

第六章

写给实习律师

每个人都是自己的预言家

每个人都是自己的预言家,你相信什么,就会实现什么。

将信、半信、深信、信仰,每一层都会得到不同的结果,当然也需要付出不一样的行动。

所以你也无法成为别人的预言家,因为你无法代替他付诸行动。

不怕不信,只怕无信,最怕言信而无行。

一、从学生状态到律师状态

实习律师的身份,不仅意味着你即将成为律师,同时也意味着,你不再是学生,所以越快从学生状态切换到律师状态,就能越顺利地走好自己的律师之路。那什么叫作把学生状态切换成律师状态呢?

1. 把带教状态切换到求教状态

在学校是等着老师教,你不想学老师也会"强行"教。但在律师行业,即便也有带教制度,但大多数带教律师不可能有老师那样的时间和精力去主动教你些什么、去观察你有什么问题。你如果不发现问题主动去问,带教律师可能就觉得你没问题,直接等你给出结果了。

所以会存在一个普遍现象:实习律师花了十几个小时自己"憋"出来的东西(甚至憋都憋不出来),带教律师几乎不能用,自己要重做一遍不说,甚至还要安抚一下实习律师可能已经受伤的心灵,工作任务倍数增长。

解决方案:把一个大问题拆成若干小问题,仔细想一下哪些小问题是自己能解决的、哪些小问题是需要请教同事的、哪些小问题是需要请教带教老师的。

2. 把回答问题切换到解决问题

在学校考试、完成作业都有固定套路、得分点、标准答案,但在律师行业,不仅很多问题本身就没有固定、标准的答案,大多数客户其实也不是要一个问题的答案,而是要这个问题的解决方案。不仅要你回答他这个问题法律上怎么理解、能不能做,还要告诉他能做的话怎么做风险最小,不能做而"硬做"的成本会怎样。

解决方案:想达到这个阶段,需要大量的实践经验作为基础。实习律师阶段,可以做到的是:设身处地。想想如果这个问题是你提出来的,你想得到什么程度的答案;如果这个问题发生在你身上,你会怎么去实际解决。

3. 把无责状态切换到承责状态

在学校没学好,最多是成绩单难看一点,就算是自己最后没毕业,对他人也不需要负什么责任。而一旦你作为一名律师,那就得"受人之托,忠人之事",不仅要对自己负责,还要对客户负责,有些话不是想说就能说,有些事不是不想做就能不做,而且如果做了没做好还会有相应的责任,而这个责任,可能还没人能帮你分担。

解决方案:没有人教人,只有事教人,只有真正经历了几次"痛定思痛"后,你才会有承责的概念,进入承责的状态。

二、实习律师的几个普遍问题

1. 储备比较弱,一年看不到10本书

这是一个比较奇怪的现象:高中的时候一年还能看个十多本课外书,大学时期除了为了完成课业看的书,其他书的阅读量可能已经不到10本了,而进入实习阶段的律师,一年有5本都算是优秀。难道实习期的压力比高中三年压力还大?

想写好一篇高考作文都要大量的课外阅读储备,那写一份解决复杂的实际问题、关系别人命运的法律文书,你就只想靠一本民法典吗?

2. 输出比较弱,一年写不出一篇文章

输出能力的重要性无须多言。

学生时代还得写写小作文、毕业论文,但大多数实习律师一年也写不出一篇文章来,甚至很多执业律师N年也没写过一篇专业文章。有人会说:"没有输入当然没有输出。"但问题是,你都当律师了,输入还会少吗?每年更新的法条、处理的案件、接待的客户……哪个方面都可

以，也值得写一些观点和心得，来提升、锻炼自己的输出能力。

没有输出，原因只可能有两种：懒，或者没上心。

3. 社交比较弱，大学四年只认识同宿舍室友

如果你是想做专业学者，那这还不算什么大问题，但如果你是想做律师，那就要尽快地培养你在学校还没有培养出来的社交能力。

律师行业是个服务行业，服务行业就是与人打交道的行业，如果不擅长与人交往，入行初期可能会少很多可以让你快速成长的养料（专业碰撞、心得分享），入行中期可能会少很多客户，而客户少到一定程度，那可能也就没有后期了。

而且社交能力和人的自信度强相关，在学校就是学生干部或是"风云人物"的实习律师，在入行后也会明显更自信。律师的自信有多重要，也不用多强调了吧。

虽然，这些问题是普遍问题，但也不是什么大问题，毕竟大家都还年轻。不过相对于实践经验缺乏、逻辑体系不成熟、商业思维的空白等更大的问题，这些问题还是可以在更早的阶段，就做些准备的。

而且，你只要部分解决了这些普遍的问题，就会明显比同龄人的表现优秀很多。

三、实习律师问问题的三点建议

大部分带教律师都鼓励实习律师多问问题,但实习律师真问起来的时候,又经常会"惹毛"带教律师,这又是什么原因?又如何避免呢?个人总结了三点建议,希望对大家有所帮助。

1. 百度知道的,就尽量不要问人

"百度知道"只是一个比方,意思是比较基础、公开的信息,比如基本法律规定、指导案例、工商局办事流程、执行法院值班时间等,就不要第一时间想着问人了,要不会给人一种偷懒的感觉:明明是你工作范围内的事情,动一下手就能完成的,却需要别人直接给答案帮你完成。

何况,这些公开信息,别的律师说了也不一定对,最后还是要自己去核实、研究,除非是连去哪里找这些基础信息都不知道,那也只能硬着头皮问一下了。

2. 问逻辑,而不是直接要答案

实习律师总觉得自己的劳动价值得不到回报和体现,那得看所谓的价值是体现在脑力还是体力上:一个工作,

把方向告诉你、结论告诉你、后果也不用你承担，那这个劳动还能有多少价值呢？

所以碰到一个问题的时候尽可能地先有自己的答案，并把这个答案的逻辑梳理清楚，再去问带教律师自己的答案和逻辑有没有问题，这样才是有价值的问法，才能让你成长更快，也能更快地让带教律师发现你的成长。

哪怕你确实没有任何思路，请教带教律师的时候也尽量多问逻辑：1如何到2，2如何到3，3如何成为答案，而不是直接要一个答案就结束了。

3. 不要怕被"喷"

有问题当然就要问，问到"傻"问题被"喷"也没关系，毕竟每个人都有问"傻"问题的阶段，也许不"喷"你，你永远都停留在问"傻"问题的阶段。

而且只要脸皮够厚，不怕被"喷"，问什么问题肯定都是稳赚不亏。

怕的是你没问题问，怕的是你不知道自己问的问题"傻"，怕的是一而再、再而三地问"傻"问题。

四、没有问题,大概率问题会很大

实习律师接到一个工作任务,一般有下面五种状态:

状态一:不知道自己没听懂。

那么他就不会有问题要问,然后交出的结果大概率是不对的,带教律师要推倒重来,导致工作效率低下。

状态二:一开始不知道自己没听懂,后面发现没听懂。

没有问题问,以为自己听懂了,然后做的时候发现无从下手,再问就又不敢问了,最后工作延期。

状态三:知道自己有一部分没听懂,但其实是大部分没听懂。

有问题问,但问的全是非关键问题,细节上花了很多时间,但核心内容上问题很多,带教律师需要大调大改,拉低整体工作效率。

状态四:知道自己大部分可能没听懂。

那么,他就会有大量问题要问,虽然在沟通上花的时间会多,但最终工作结果一般还可以。问题的数量因人而异,有人问到五个问题能全部明白,有人需要问到十个问题甚至更多。

状态五：知道自己有小部分没听懂。

那么他会确认几个方向上的问题没有理解错，然后马上可以动手给到初稿，再就细节问题进行二次沟通。这种工作效率最高，但对实习律师的要求也比较高。

虽然不能奢求所有工作、所有人都在知道自己完全能听懂的状态，但不应该，也最好不要让自己在知道自己没听懂，但还不问的状态。

五、实习律师的价值构成现状

实习律师的薪资待遇低，已经是行业的普遍现象了，吐槽很多，但少有研究实习律师的价值构成到底如何。

据个人初步观察，实习律师的价值在于：不可替代的专业价值+可替代的体力价值+不可替代的非专业价值。

不可替代的专业价值：

大部分实习律师几乎没有。不论是普通院校还是"五院四系"，在实践经验缺失的情况下，实习律师几乎都没有什么不可替代的专业价值。

悟性好一点的可能半年一年会有一个小质变，但大多数实习律师在实习期的一年内几乎没有提供专业价值的可能，甚至前三个月都可能是负价值。这可能也是为什么有的实习律师的实习阶段没有工资甚至反而要给团队交钱的原因。

可替代的体力价值：

律师行业有一个老笑话："3000块请不到一个司机、请不到一个翻译、请不到一个生活助理，但可以请一个实习律师把三样都干了。"先不说这笑话有几分真实，那为什么明明3000×3的活，实习律师3000块就愿意干呢？

因为实习律师的专业价值是负价值，或者在带教律师眼里，你的专业价值是负的。所以3个体力活确实应该给9000元，但减去团队培养你的专业能力的费用，钱就只剩3000元了。且不论团队的培养价值真实是多少，在法学生大量供给的今天，供大于需，定价权依然在团队。

不可替代的非专业价值：

很多律所或团队愿意招体育、文艺有特长的，能写文章能打辩论的，能兼顾做管理做新媒体的，虽然不是专业价值，但对律所或团队的整体价值有所提升。这一点，也成了很多非法本专业，包括非名校法本进入好律所、好团队的一个小捷径。其实大家常说的机缘、眼缘等玄学因素，以及熟人介绍也属于不可替代的非专业价值。

所以现在大多数实习律师现状是：靠不可替代的非专业价值切入，提供可替代的体力价值，并忍受低价。期待有一天能通过不可替代的专业价值实现溢价。

目前大部分情况是这样，也可能很长一段时间内，仍然是这个情况。

第七章

写给新入行律师

新势代律师的五种能力

写作能力、表达能力、思辨能力、社交能力、兼容能力是律师必不可少的五种能力。

如果说律师行业开始"卷"了,那也只是由以前的"只要具备一种能力就能当律师",演变成"需要两种或以上的能力才能当一名合格的律师"。

一、谁在割新入行律师韭菜？

1. 法律培训机构（课程）

新入行律师的两大焦虑之一：专业焦虑。

学校的法学院都是偏法学教育，没有专门的律师技能教育，再加上传统的带教模式也没有什么成体系的知识能够迅速地传授给新入行律师，导致即便是拿了律师证的律师看到很多案件也是两眼一抹黑。

这个时候，能够缓解焦虑的法律培训机构（课程）就有了发展空间。

但这些机构的课程大都是学者型老师讲授，虽然没学校那么重理论但还是有些偏理论，好不容易碰到个律师讲课，做的业务也是一般律师很难接触到的，最后只能听个热闹，缓解一下焦虑。

现在这种焦虑还延伸到了实习律师充电甚至是法学生求职，各种营销号放大了本不应该属于实习律师、法学生的焦虑，也孵化了新一波的韭菜市场。

但焦虑归焦虑，如果能静下心来，多少还是能学点东西的。

割韭指数：★★☆☆☆

2. 案源介绍平台

新入行律师的另一大焦虑：案源焦虑。

从早期百度排名搜索到现在的案源分配平台，看似减少了新入行律师开拓案源的成本，但他们商业模式的底层逻辑是：用新入行律师廉价的劳动力去引流（免费咨询），再筛选出部分成案客户与律师分成（价低量少），再包装出部分运气较好（收益不错）的律师来引流新的新入行律师。

吃相更难看的是，不仅要你的廉价劳动力，还要再割你一波信息服务费，美其名曰增加曝光量，甚至承诺案源保底，但服务期满后没有达到效果，又有几个律师会花精力去退这个费用？

案源介绍平台几乎是无本投机：客户不用自己培育和筛选（当然投流的成本以后会越来越高）、律师不用自己养，还可以收一笔律师的韭菜费（投流的钱哪里来？）。

案源平台不了解客户也不了解律师，纯做浅层信息对接，根本没法放大（黑话叫赋能）律师的核心竞争力。

割韭指数：★★★☆☆

3. 新媒体培训机构（课程）

"案源平台不行，咱就自己上，用新媒体做营销，把案源源头掌握在自己手里。"理想是美好的，但现实是残酷的，做了一段时间发现内容更新不下去、粉丝涨不上来，"为什么别人都可以做起来，我就是不行？"这种心态让新媒体培训机构有了生存空间。

但不论是机构还是课程，能针对律师赛道的专业人士实在是太少了。只能把其他行业的课程洗一遍再卖给律师，行不行就看你的造化了，要么是把律师朝流量网红的路线上推；要么就是管他三七二十一，先把新入行律师割了再说。

反正律师都要脸，不管效果好不好，也没有几个会为了千儿八百地较真到底，所以有些机构胆子就更大了，收了培训费、服务费直接跑路（涉嫌诈骗）。

不管是碍于脸面（律师也会被骗？），还是珍惜时间成本（新入行律师也是律师啊），律师天天帮人维权却不怎么爱帮自己维权的特点，不得不说是非常优质的韭菜了。

割韭指数：★★★★☆

二、那些经常吐槽的新入行律师后来都怎么样了？

听过、看过很多新入行律师的"吐槽"，发现这些

"槽点"至少十年来都没怎么变化,只是"吐槽"的人更新了。为什么人变"槽点"不变呢?是那些人发生了什么变化吗?

第一阶段:质疑

"为什么实习律师工资这么低?""为什么案件都是我做的团队还不给我加工资?"

"为什么我会天天加班?""为什么我什么都要干?"

"为什么我团队负责人专业那么差还赚那么多?""为什么我们团队要接这么多'烂'案?"

第二阶段:理解

"每个律师都有自己的风格,存在即合理。"

"我对我自己的助理好一点就行了,别人的事不关我的事,也不影响我赚钱。"

"这是个律师行业的问题,不是哪一个律师能解决的。"

第三阶段:成为

"我当年就是这么过来的,你现在已经好很多啦!"

"你不干大把人干,别人都没抱怨,就你事多!"

"律师行业这么多年都是这样的,想生存就得这样!"

所以，那些年经常吐槽的新入行律师，多年后，有多少会是"屠龙少年终成恶龙"？

三、这几年，什么样的新入行律师发展起来了？

一类是命好或者运气好的，包括：

1. 家里有资源的

张雪峰老师推荐法学专业的一个理由是：律师资源可传代。其实，相较其他行业，不管家里是从政、从商还是从法，律师行业的资源兼容性确实是不错的。

2. 遇到好团队负责人的

好律所不如好团队，好团队不如好团队负责人，已经是行业共识。入行前一两年没有碰到一个好团队负责人，三年之后想从同期同行中脱颖而出的概率是相当小的。好的团队负责人标准有很多，但至少有一条是必须有的：把你当未来合伙人看待。

3. 专业和人品被贵人（客户/同行）看到的

"千里马常有，而伯乐不常有"是常态，但只有本着专业、负责、利他本心的人，才有可能在伯乐面前留下。从一个偶然的同行合作案件，或一个充分打动客户的案件，而由此裂变做开来的新入行律师，这几年也还是有的。

第二类是胆子大，敢尝试敢走出去的，包括：

1. 尝试新媒体宣传的

成功的案例大家应该都有接触，虽然出圈的大都不是讲专业的，或者大多数业务模式有待商榷，但从某种角度上来说，也算是发展起来了。

2. 舍得花精力混圈子、搞社交的

很多人看不上的传统拓客路线，但事实证明仍然是有效的。可能也正是因为很多律师看不上，所以现在还仍然是有效的。

说实话，很多新入行律师也不是看不上，而是懒。

3. 敢闯新赛道的

前几年的主播、游戏行业，这几年的Web3、人工智能，都让部分敢于尝试的新入行律师有所收获。不做点资深律师看不懂或者懒得看的行业，难道新入行律师还想在

几年内,在传统行业靠"正面硬刚"出头吗?

此外,胆子大的也包括:

敢"吹"敢"承诺"的。个人不推荐,但现实确实存在。不用羡慕也不用嫉妒,能靠这些手段发展,也是需要"天赋"和"命"的。

四、天赋好的律师有什么特点?

天赋好,首先体现在身体好。

1. 基本不生病,基础能量值高

律师说是赚脑力劳动的钱,体力劳动需求也不低,且不说跑腿、出差这种硬体力要求的工作,就算是脑力劳动成果,也是以体力劳动作为基础的。

而且体力和心力也有很强的正相关。心力不强,万事莫提。

2. 恢复能力强

体力基础值高还不够,在某一个阶段,面对可能出现的高峰工作量,需要有很强的恢复能力,短时间内的调整就能达到一个不错的状态。同样，心力的恢复能力也强，不会因为一个打击就一个星期、半个月都提不起干劲来。

3. 有注意保养身体的意识

有好身体，还要会珍惜。律师是个长期职业，再好的身体也经不起几年的过度损耗，如果能在身体好的时候就养成保养身体的习惯，那身体这辆车才能开得又久又稳，稳到执业后期，自然而然地就会超越其他同龄人，甚至比在前期透支过多的年轻律师竞争力更强。

身体本来就好还注意保养，这种双重加持的律师想不优秀都难。

天赋好，其次还体现在内驱力强。

在总结优秀律师的特点时都会提到："TA很有自己的想法""很有创造力思维""有主动学习能力""有自我管理能力"等，但为什么TA就会有"自己的想法""创造力思维"，为什么TA就会有"主动学习能力""自我管理能力"，我怎么就没有呢？

归根到底可能还是一种很玄学的原因：TA天生有一种内生的力量去驱动他这么想、这么做。这就是内驱力，也是天赋。

这种内驱力可以源自竞争心，可以源自情怀，也可以是说不清楚的某种东西，但是必须有，且持续地有内驱力，才能让你保持优秀，达到出类拔萃。

五、律师的五种能力

1. 写作能力

①写作的作用。

对一名律师来说,写作能力可以说是最基本的能力,从合同、律师函、法律意见书,到起诉状、答辩状、代理意见等各种法律文书,都是律师日常工作中经常会遇到的写作需求。

写作,相较口头的表达,它的载体较为稳定,便于日后重复查阅,再加上它简练和精确的特点,有着口头和其他方式不可替代的高效沟通作用。

时至今日,代写文书依然是律师直接创造价值的方式之一,而且在案源开拓方面的传统三驾马车中——写文章、出书、办讲座,打头阵的仍然是写作。

虽然听起来,写作是传统又老旧的能力,但令人意外的是,这在当下的律师行业仍然是有效且竞争不充分的能力:一年能原创50篇法律相关文章的律师,可能不到律师总数的1%,如果在某一个领域能写50篇相关文章,你至少已经是你们律所内的专家了。

②写作能力的退化。

既然写作在律师行业是有效且竞争不充分的能力,那为何少有律师坚持走这条路的呢?因为在行业高速发展的情况下,写作能力并不显性,也不够高效。

写作能力需要天赋,也需要努力,更需要长期主义。当你憋了三天才整出来一篇文章,发出来的阅读量却不到50,你还能坚持写作吗?当你写了半年文章还没有案源找上门来,你还能坚持吗?你案件已经做不完了,你还能静下心来,花几个小时总结、整理、输出成文字吗?

"理性"又"务实"的律师当然会说"不",毕竟案源为王的时代,写作的效率和投产比太低了,而且与写作能力相比,社交能力既容易被看到,见效也可能更快,此消彼长之下,律师写作能力的退化也就合理了。

③写作的标准。

随着社交媒体的发展,非法律文书写作的标准在逐步降低,一条微博、一个朋友圈文案,都可以成为你的"写作作品",我们可以不用字数、观点,甚至不用内容去评价写作的质量,但作为律师,写作的质量标准仍然有一条"金线",就是你愿不愿意把你写的东西发给你的亲人、你的朋友、你的同事、你的客户看。

如果不能,那么你的写作就不是全公开的;而不能公开,就无法达到写作的主要目的:展示你的个人风格和深度思考,从而与他人产生连接。

④写作和AI技术。

AI技术的风,也吹到了律师行业。很多律师已经接触或深度运用AI技术来辅助自己的法律工作,甚至可以在公开场合直言不讳地承认某篇或某类文书工作,大部分已经交由AI生成,那么律师的写作能力,还是一种必要能力吗?

从两个角度来看,仍然是。

一是从内容质量来看,现阶段AI代替律师做的文书工作大多还是无实际内容、无个人特色、无创造性的。以十分制来计算,AI现在大概可以取代三分以下的文书工作,也许以后技术的发展,AI能取代四分的、六分的,但八分和十分的,有内容、有特色、有创造性的文书,终归要掌握在律师手里。(除非人类被彻底取代,那谈律师能力已无必要。)

二是从你想成为传播者还是使用者的角度来看,如果你只是想成为一名使用者,你对文书成果的要求只是现有数据语料的最优组合,那么,写作能力的提升已经不是你的第一优先级,AI技术的使用能力才是。

但如果你想成为传播者,那么AI技术只是你传播观点的工具,传播的种子仍然需要靠自己的写作提供(数据语料)。特别是在法律领域的数据语料还不丰富的情况下,你的每一篇文章都可能成为极其重要的因子,越有质量的创作,越能先占据AI的"心智"。

其实现在很多法律观点和特殊词汇,已经能生成链接或映射到部分律师个人的文章或视频中。有时间的话,你可以问问AI对你作为律师的评价,你就会切身感受到写作的作用。

2. 表达能力

①表达的误区。

误区一:律师都很能说。

律师给大众的刻板印象之一就是很能说,但其实大部分律师,特别是新入行律师,极度缺乏公开发言的自信,原因之一可能是在法学院学习时并没有得到足够多的说话机会,导致光有法学文凭,而并不比其他专业的毕业生更能说;原因之二可能是在律师行业的浸染还不深,刚得到律师身份的新入行律师也不可能像捡装备一样,马上得到一个说话表达的能力。

"律师能说"既是主观偏见,也是幸存者偏差。

误区二:能说就是会表达。

"说"是表达的方式,不是表达的目的。表达的目的是建立连接,而不是制造对立,特别是作为第三方服务的律师来说,没有必要也没有资格与任何一方制造对立。传递经思辨而来的观点和经历练而生的能量,才是真正的表达。

为了说而说,不如不说。

误区三：写作表达可以替代口头表达。

"见面三分情，说话七分真"，这是人类的共性，也是服务行业的特性，见面聊永远比一封电子邮件或者一份法律文书的沟通效果要好。口头表达的影响力有写作表达不可替代的隐性要素：语音语调、微表情、微动作、气场磁场等。

对把开庭作为主要战场的诉讼律师来说，口头表达是其主要武器。如果写作表达完全可以替代口头表达，那开庭律师都可以不用去了，一人交一份书面代理意见就行。

②表达的标准。

一个好的表达者一定兼具表达体系和个人风格。

你会经常看到一些表达者面对第一次遇到的问题，或是临场遇到的问题，都能做出不错的反应和表达，这正是因为他们已经建立了表达体系。

表达体系就像用水、石、木、铁等原材料盖了一座房子，房子本身已经很难分离出这些原材料，而且这座房子的功能已经远远大于原材料的单一作用。如果再有新的人或物料进到这个房子里来，主人都会按照这个房子的规划和设计来安排房间。一个表达体系就像一座盖好的房子，可以迅速地把适当的话题安排到不同的房间。

"台上一分钟，台下十年功"的含义，除了勤奋练习外，也说明了表达体系的建立是一个长期工作，而一旦具备了表达体系，你的表达就会驾轻就熟，应对自如。

如果说表达体系是房子本身,那表达风格就是装饰装修,房子的功能相关不大,但装修风格却是千篇万律,因人而异了。表达风格可以把相似内容或者观点,讲出不同的感觉来。观点虽然不是新的,但表达风格是新的,就可能带来不一样的收获。

就像好的房子,是结构好、装修佳,好的表达,也需要表达体系和个人风格兼具。

有体系没有个人风格的表达,是"教科书"式的学者型表达。没有体系有个人风格的表达,是评价两极分化的表达——爱是真的爱,无感的觉得都是废话。

③表达的提升。

用AI工具难以提升,用高科技也无法赋能,表达能力的提升只有老套的多听、多看、多想、多练。而在多听、多看、多想、多练之前,得有一个想提升的欲望,这个想提升的欲望,要么来自先天的觉悟,要么来自后天的刺激。而你能被什么刺激到,既是个玄学问题,也是个概率问题。

如果概率是恒定的,你只有坚持加大自己接触新事物的次数,才能提高命中刺激的次数。所以归根到底,只有不断求新,才是一切的开始。

但如果你已经幸运地拥有了提升表达的机会和精力,珍惜它最好的方式就是运用,当仁不让地运用。

3. 思辨能力

①思辨的重要性。

《礼记·中庸》:"博学之,审问之,慎思之,明辨之,笃行之"。

"学、问、思、辨、行"中,"学"是起点,"行"是终点,而思辨,是连接"学"到"行"的通道。"学而不思则罔",大家已经耳熟能详,而"行而不思则茫",是迷陷于工作和被动任务之中的当代职场人真实写照。

作为律师,对于思辨能力的需求是更高的。

从律师个人角度来看,不论是写作能力还是表达能力——律师的这两个基础能力,都是以思辨能力作为基础的,律师很少会有"茶壶煮饺子——有货倒不出"的情况,而是大多缺少思辨能力的律师,因为真的没货,所以倒不出。缺少思辨的写作和表达,就很容易千篇一律、空洞乏味,不仅专业上很难有说服力,对客户来说也很难有差异化的价值。

从律师行业角度来看,律师职业就是以法律工具为切入点,解决客户问题的职业。但要解决问题,前提是能够发现问题,然后分析问题;而分析问题,首先的需求就是以"推理、判断、质疑、反思、辩证"综合为一体的思辨能力,而且很多时候,客户直接甩给你的问题,并不是真正的问题,这时更需要思辨能力,发现客户真正的问题是什么，以免缘木求鱼，慎防被"带到沟里"。

在AI技术发展迅猛的当下，体力劳动的价值会被大幅缩减。而律师，既是体力劳动者，又是脑力劳动者，能否演化出区别于AI工具的思辨能力，才是当代律师存在的意义和价值。

②思辨的缺失。

思辨能力对律师越重要，越凸显当下律师行业思辨能力的缺失。律师行业好像成了最容易被"带节奏"的职业。

当你报了这个学习班，我也要去买两节网课；你做新媒体营销，我也要做短视频获客；你吐槽大环境不好，我也觉得业务不好不能全怪自己；你今年做某个业务赚了钱，我明年也要换这个业务做；你律所在规模化，我们所也要扩大规模；等等，跟风现象不胜枚举。而这显然就是律师群体缺乏思辨能力，而对自己的需求和天赋不甚了解所导致的。

特别是当下以"创收"为单一价值观的律师行业，更是影响到各个执业年限层律师的思辨能力：法学生入行考虑的是哪个律所给的待遇最好，而不是在哪里发展有更多的机会发现自己的天赋；实习律师考虑的是尽快能够独立执业可以自己搞案源、赚大钱，而不是自己的水平有没有达到一个独立执业律师的水平；独立执业的律师考虑的是怎么让自己的创收最大化，而不是考虑个人、团队、律师行业的可持续发展。

但凡思辨能力成为律师行业的标配，很多问题就明显不应当是问题，很多现象就不应该是如此现象。在律师行业，具有思辨能力的律师，并非太多，而是太少，思辨能力的需求和供给，存在着严重的不平衡。

③思辨的提升。

当然，思辨能力不是律师职业天然赋予的，而是因为"想做律师，想做好律师"自我驯化而成的。

其实"学问思辨行"的排列已经给出了答案，"学"是起点，"行"是终点，而"思"和"辨"，需要靠"问"来启发。

没有疑问，就不了解所学内容的更深层逻辑，就无法进行深度思考，更不可能拿出与原来不同的认知和行为。

不会发问，所学的内容就不可能消化成自己的东西，就无法通向"思"和"辨"，更不可能拿出符合自己认知的行动。

不敢质问，就不会看到所学内容反面和侧面呈现的信息，就无法有辩证的才思，更不可能创造性地给出新答案。

没有反问，就不会了解自己真正需要什么，也不会提出真正的问题，更不可能得到真正的答案。

即便AI能代替或部分代替人的思辨，它也无法代替人的发问。

4. 社交能力

①社交的误区。

一提到社交,就会联想到酒局、应酬等又消耗又"油腻"的场景,但其实社交并非只有这些单一固定的方式,只要是与人发生交往的行为都可以称为社交。

不同人有不同人的社交方式,既可以尊重但拒绝别人的社交方式,也可以开启或选择自己舒服的社交方式,只需要明白和把握社交的目的——为了获得信任和信息,就足够了。

一旦忘记社交的目的,就会进入社交的一个误区,成为混于各种社交活动的"人形立牌",人是到了,但也等于没到,没有人记住,也没有得到什么有效信息。虽然跨出社交的第一步已经值得表扬,但仅有形式没有内容的社交是耗人心力且难以持续的。

而目的性过强,就又会形成另一个社交误区:没有得到直接利益的社交就是没有意义的,而直接利益,通常就指的是马上能够得到的经济利益。其实功利社交并不是社交的初衷,这只是人的短视基因在社交领域的体现,要明白绕过建立信任和信息积累的直接利益,不是陷阱,就是做梦。

另外,情绪价值也不是社交追求的目的,而是建立信任和获取信息的放大器和润滑剂,只有情绪价值的社交,就像一顿只有甜食没有主食的午餐——吃多了会腻,而且很快就会饿。

②社交能力的缺失。

随着律师人数的不断增多,"混脸熟""人形立牌"式的社交收益就会越低,客户已经不能仅从一个律师身份就对你形成印象,并给予足够的信任。社交效率的下降,也是新入行律师越来越难以开启社交之路的原因,但这仅是结果倒推,律师社交能力的缺失有更深层的原因。

专业分工是社交能力缺失的原因之一——越是专业细分,就越会依靠技术壁垒,而不是依靠信任的建立和信息的交互。作为专业分工的典型代表行业,律师行业更是社交能力缺失的重灾区,新入行的律师尤为明显。

在学校好像没有什么社交需求,新入行好像也没有时间去锻炼社交能力,但其实最根本的是,律师好像有充分的理由拒绝社交——我是走专业型路线的,不需要社交,社交耽误我做专业的事情。

资深律师这么说可能还有些合理性,但大部分新入行律师好像暂时还谈不上专业,其实都是在"想搞案源社交又无从下手、又怕过分社交会丢失专业"的焦虑中内耗,最后是既没有搞社交,也没有搞专业。但有没有可能谜底就在谜面上——社交就不能谈专业吗?

如前文所说,社交的目的是获得信任和信息,而并非导向直接经济利益或是案源。信任可以是客户的信任,当然也可以是同行的信任（也许同行信任更重要），信息可以是跨行业的信息，当然也可以是同行业的专业信息。

律协、律所和各种平台每一次举办的专业知识交流会，都是给律师，特别是自称为或想成为专业型律师最好的社交机会。而新入行律师，其实应该更需要这类社交来提升专业能力，但现状是，搞案源的社交看不上、融不进，搞专业的社交还是看不上、融不进。

律师行业社交能力的缺失，根本还是源于社交理念的偏差。什么时候律师不把社交和案源绑定在一起了，什么时候律师能把长期主义和专业主义真正落实了，律师的社交能力才可能有所提升。

③社交和AI。

如果AI已经拥有上帝般的信息储备，人还有必要通过社交去获得信息吗？当然有，信息是一码事，信息的交互又是一码事。信息是哪里产生的、是谁说的，比信息本身更重要。

AI现在产生的信息未被完全接纳，正是因为它还无法作为可靠信息的来源，只是AI独立生成，没有权威的人说过、论证过，那就是不可信的，是AI的"幻觉"。这是由于人类的天性和不同人的接受能力不同，哪怕是同样的话和同样的观点，不少人就是只信自己信的人说的话，换句话说，他们是因为信这个人而信这个信息，而不是因为信这条信息而信这个人。

在这个逻辑基础上,不难推理出,即便有一个全能的信息源,也需要分级下发、因人传递。

那如果AI已经能完全获得人类的信任,人还有必要通过社交来建立信任吗?那就确实没必要了。

但在这一天来到之前,你必然要通过社交能力,"撑"到这一天。

5. 兼容能力

①知识结构的兼容性。

不论是专业知识的复合,还是行业理解的加持,本质上都是一种兼容的能力,而反对或者无视律师兼容能力的,大多是以下两种说法。

说法一:"自己的专业都没搞明白,哪有时间搞别的?"

这个说法看起来没问题,毕竟法律专业是律师的立身之本,自己的专业当然要先搞明白。但这个说法其实也有问题,因为没有其他知识的碰撞、交融,你可能永远也搞不明白法律的专业知识。

不了解经济学原理,怎么可能知道法律,特别是商法相关的底层逻辑?不了解心理学原理,怎么可能理解民事、刑事案件中种种行为背后的原因?没有历史知识的储备,怎么预测法律的下一个轮回何时开始?没有哲学知识的托底,怎么洞悉法律规则和趋势的下一步变化?

说法二:"其他专业的事情,我找其他专业的做不就可以了?"

当然可以,但这不是律师可以不具备兼容能力的理由。

首先,如果你不具备一定的能力去识别和链接其他领域的专业人士,你如何把客户交给你的事放心地交给别人?让客户自己去识别吗?如果这样,客户对你的信任和评价,也不会比其他人高太多。

其次,不是所有的事都有必要直接找其他专业人士去做。有些日常的、琐碎的、浅层的任务,律师顺带做,是效率最高的,特别是涉及多学科交叉的问题,比如税法问题、商业结构和股权问题,律师真的想把这些事情完全交给税务公司和商业咨询公司去做吗?

最后,律师是离客户最近,而且学习能力最强的一批人。相较其他第三方机构,律师必然和客户走得更近,掌握的信息量更多——毕竟律师负责的是底线、下限问题,客户需要对律师有这样的信任。而且律师的学习能力,特别是持续学习的能力,足以支撑和掌握更多的复合知识,去做各个学科的交叉点和牵头人。

当然,知识结构的兼容并不是全面掌握所有知识以取代其他专业人士,而是保持开放性,让知识的链接和整合做得更好。

君子不器,真正的律师一定不仅有法律这一种知识结构。

②价值体系的兼容性。

上到达官显贵、亿万富翁,下到平头百姓、贫困家庭,律师能接触到的客户可以说覆盖了大部分的社会群体,而且和医生不同的是,医生不用关心这些病人的社会属性和他们的价值观,只需要关注他们的自然属性,把身体治好就行,但律师本身处理的就是这些人的社会关系,甚至是价值观问题,那就不得不面临不同价值体系的客户,那么价值体系的兼容性,对律师就显得尤为重要。

价值体系越丰富,你可以吸引的客户就越多。人和人之所以能产生共鸣,从来不是技术和专业,而是价值观。律师和客户也不例外,不管律师的专业标签贴得有多么精确、专业形象打造得有多么优秀,这都只是像"简历"一样,仅仅扮演敲门砖的角色,等到"面试"环节,一定是"价值观重合"才能一锤定音。价值观的重合度越高,你能"说服"客户的概率就越大;而价值体系的兼容性越高,体系的丰富度就会越高,和不同客户价值观重合的概率也就越大,能吸引的客户就越多。

兼容是多样性的基础,是职业生命力的源泉。律师个人价值体系的兼容性,决定了这名律师的多样性和差异化,甚至一名律师的职业生涯。

如果一名律师总是想着赚钱,那他的案件一定做得非常"危险",不是求"快",就是求"多";如果一名律师总是排斥赚钱,那他的案件一定做得特别"拧巴",处处不能谈钱,但处处又有钱的影响;如果一名律师总是想着当事人利益,那他的案件一定做得非常"痛苦",明知不能实现客户的预期,但还要付出无谓的努力;如果一名律师总是想着实现自己的公平正义,那他的案件一定做得非常"憋屈",个人的正义不一定是真正的正义,律师也没有审判他人的权力。

律师的价值是其一切经历的总和,这个价值就包括了由经历而产生的具有兼容性的知识体系和价值体系。只有具备价值体系的多样性,才能在各种情况下找到平衡,保护和保持律师职业的生命力。

六、新势代律师

如果把2013年作为一个观察切入点,会发现全国律师人数年均增长率再未低过9%、我国GDP增速再未上过8%(除2021年)。

1993—2013年(共21年)的律师总数=2014—2020年(共7年)律师总数=2021年—2025年(前后)(5年)=25

万人，合计75万人。①

也就是说，近12年增量的律师人数是前21年存量律师人数的两倍。如果说10年的间隔，会让意识形态有一个明显的代际区别，那么2014年后的新进律师，就有着更加不同于前20年的意识形态。

所以，如果把2014年称为新一代律师的元年，那2024年刚好是新一代可以起势的第二个十年中的第一年。

任何新事物的觉醒，除了客观条件的积累和市场需求，也需要一批新兴力量的发起和引领，而这批新兴力量，就是新势代律师的代表。

那么，新势代律师，新在哪里？

1. 新格局

谈格局，最容易"假大空"，但谈新格局，就相对容易一些，无非是比原来的新，但能新在哪儿？也无非是更高、更多、更大。

更高，是原来认为一切只有一、二、三层，能做到一或者二就可以了。现在，还要探索有没有四、五、六层；如果有，就不只是停在三层，而是向六层进发。

更多，是原来只知道种小麦和水稻，现在，还要知道

---

① 微信公众号"智合研究院"：《官方终于发布，全国律师首次年增8万！等客上门已成过去时》，2024年11月28日，https://mp.weixin.qq.com/s/EeUODKfEOXhTQVTMx7qX5g。

可以种苹果香蕉、还可以养牛马家禽。

更大,是原来只想到"我"怎么样,现在,会想到"我们""他们""大家"怎么样。

如果非要用科学的逻辑给"格局"下个统一的定义,做不到,至少是用言语无法做到,任何的言语定义都会让它有所缺失,言多错多。

只能"从心而发,向善而为"。

2. 新想象

想象很抽象,但比格局具体多了,在律师行业就更具体了。

律师专业方向的想象,比如:

律师的专业能力能不能有稳定、科学的培养路径?

律师的专业水平能不能有相对明确的识别方法?

律师理念方向的想象,比如:

律师职业生涯的理想模式有没有"全新版本"?

律师的价值和职业道德标准能不能重新定义?而不是价值观上"创收唯一论",道德标准上"碰瓷老师医生"又"硬蹭法官学者"?

律所模式方向的想象,比如:

律所除了"公司制"就是"合伙制"吗?不是"提成制"就是"一体化"?律师身为商业制度的设计者之一,就这么点想象力吗?

律所就一定只能走"规模化"路线吗?就一定只能赚律师的钱吗?

律师职业天生的风险厌恶属性,导致了"求新"是一条"反律性"的路,即便原来的路不好走、走不通,不撞到南墙的律师也是不愿意主动改变路径依赖的。

新的想象从何而来?一定是从新的认知而来。那新的认知从何而来?一定是走出舒适圈、走出律师圈、走出自己的一亩三分地而来。

3. 新能力

有新想象的人,不一定有新能力,而把新想象变为现实的人,必须有新的能力。

这种新的能力一定是一种复合的能力,只有能力的复合,才能把另一个行业或专业的技能和经验顺畅地带到现有行业或专业,在最小的摩擦成本下,带来最大的效果,并会产生预想不到的化学反应。

从法律领域的A领域知识和B领域知识复合,到法律领域和行业领域的知识、经验复合,是律师专业能力的复合。

从法律服务和财税服务、企业管理、商业咨询复合,到法律服务和资源整合能力复合,是律师服务能力的复合。

从专业能力和对外营销能力、对内管理能力的复合,到解决律所和行业前台、中台、后台问题能力的复合,是律师改革能力的复合。

律师当然是以专业能力为立身之本的，但你如果想要得更多，光有专业能力肯定是不够的。而且当大家都只在狭义的、单一的专业领域赛道上挤破头的时候，你想仅凭专业能力立身，门槛肯定是水涨船高的。

当老师的马云，搞了阿里巴巴；编程序的雷军，现在正在造车；当律师的查理·芒格，一定不后悔进入伯克希尔·哈撒韦；搞互联网的马斯克，看来是不把自己送到火星决不罢休。

你可以说他们天赋异禀，也可以说他们机缘巧合，当然也可以说他们只是时代的产物，但不管怎么说，没有什么能比"求新"更性感了。

第二篇

团队、专业和案源

第一章

不一样的团队理解

最好的管理是激发人的善意

不是科学管理不好,是一味地强调不好。

人是目的,不是工具,最好的管理是激发人的善意。

管理只能提升效率,无法激发创意。

而善意可以。

第一章 不一样的团队理解

团队选择

一、律师加入团队或律所的需求到底是什么？

1. 物质价值

有一说一，也不用避讳。物质基础肯定会影响上层建筑，如果一个团队或律所不能给律师带来物质价值，说得再多再好，都是避重就轻。

当然，物质价值也有短期体现和长期体现，短期价值包括高工资、直接案源、案件客单价提升、办案成本下降、效率提高等。长期价值包括个人品牌价值上升、客户黏性增加、专业知识及综合能力提升、团队稳定性增强等。

其他的物质价值，比如办公地点、装修水平、人员管理、资源对接、法律工具、案件合作等，都只是为了实现长期或短期物质价值这个目标的工具。抛开目标谈工具，不是没想好，就是心里虚。

如果一个团队/律所的长、短期物质价值都没有，留不住律师就是必然的。

2. 精神（情绪）价值

有没有不需求物质价值或者需求欲比较低的律师呢？当然有，那他必然需求较高的精神价值。大到推进法治建设（当学者，当代表），中到促进律师行业进步（当主任，当专家），小到获得职业成就感（帮到当事人，找到志同道合的伙伴），都是精神价值的一部分。

"人是目的不是工具"，而精神价值就是把人当作人来对待。如果仅仅把人当作赚钱的工具，团队/律所永远停留在"钱"怎么分这个维度上，同样留不住真正的人才。

另一方面，作为律师，追求物质价值并无不可，但需要适可而止，物质价值的满足总有上限，广厦三千，只能夜眠六尺，良田千亩，也只能日食三餐，但精神价值的愉悦，是没有上限的。

如果说工作的意义是发现并发挥自己的天赋，那么一个优秀的团队/律所的终极目标，就应当是帮助律师发现并发挥他们的天赋。

二、找团队，先了解团队缺什么类型的律师

在行业内，律师大体分为三种：案源型、专业型和管理型。实习律师或者授薪律师在找团队时，如果能先了解团队缺什么类型的律师，匹配起来一定会事半功倍。

团队负责人是案源型律师，当然强需求专业型律师，但更需求专业型复合管理型律师。

案源型的律师是链接和社交能力强，对专业的研究和团队的管理大多是心有余而力不足。但如果只具备专业能力，在当下同质化太高、供给量太大的市场中，团队负责人还是不知道挑谁。但如果你只具备管理能力，又没有解决团队负责人的核心需求，所以只有专业能力复合一些管理能力，才能脱颖而出。哪怕这种管理能力只有对内或者对外中的一方面，在现在律师市场也是极具竞争力的。

当然，如果你的专业能力足够出类拔萃，完全可以"碾压"同龄人，那立志做一名单一专业型律师也不是不可以。

团队负责人是专业型律师，他的强需求是案源型律师，但也需求管理型律师。

专业型需求案源型很合理，但不太容易实现，因为当

下律师市场有稳定案源的律师基本都可以自己当团队负责人,而且,要求实习律师有足够案源也是强人所难。

所以专业型律师其实也是需求管理型律师。因为管理型律师可以辅助专业型律师开拓市场、管理团队,放大他的专业效能,节省团队负责人的管理时间,让他能把专业做好的同时,慢慢开始兼具案源型律师的特征。

当然,专业型的律师也需要同为专业型的"螺丝钉",至少能在办案环节上帮团队负责人节省一部分精力。但如果当你的专业能力全部被团队负责人的专业能力覆盖,同时又提供不了别的价值,那说实话,当"螺丝钉"的上限确实不会很高。而且,在当下律师市场,想当"螺丝钉"的竞争也是非常激烈的。

其实,一名律师可以同时具备案源型和专业型的复合特征:一种是有稳定案源,也认真办案;一种是从认真办案,变得有一定的案源。所以即便你入行的切入角度是管理型律师,后期也可以成长为兼具案源型或者专业型律师的特征。但是,一名律师不太可能同时具备三种特征,毕竟人的精力总归是有限的。

所以,只要你有管理能力,或者有成为管理型律师的兴趣,在每个团队都是有足够竞争力的存在。而且管理型律师,就是现在整个律师行业最稀缺的人才。

先研究人,才可能知道这个人在做什么事,才可能有事可做。

三、大所还是小所？一线城市还是回老家？

这是每个新入行律师都会面临的抉择和提出的问题，有很多答案，但也存在着很多误解，需要"真相"一下。

很多人的误解是：

大所（通常指100名执业律师以上）的资源多，能学的多，发展想象空间大，认识的人也可能会更多；小所氛围好，照顾年轻律师成长，专业鲜明，人事关系也相对简单，看起来真的是难以抉择。

但真相是：

大所资源多，就一定分到你头上吗？能学的多，你就一定学得进去吗？发展想象空间大，那确实也只是你的想象。只是说说认识的人更多，那又能有什么用？

小所氛围好，但可能你并不喜欢这个氛围；照顾新入行律师成长，但你也不是唯一需要照顾的新入行律师。专业鲜明，同时也意味着很难学到其他知识；人事关系简单，那也有可能是成为没有新鲜血液的一潭死水。

很多人的误解是：

一线城市起点高，发展上限高；老家的小所多少有些资源，离家近还能照顾好家庭。

但真相是：

一线城市物价高房价高,别说发展上限,可能"创业未半而中道崩殂",刚起步就"扑街"。

所谓老家的资源,但总共也就那么点案子、那么些事情,轻松可能是轻松,想成长也没有了素材,年纪轻轻就开启了"养老模式"。

这两个问题的关键其实是:找到互相"中意"的师父[①]。

在师徒制痕迹还是很明显的律师行业,只有一位师父中意你,才会愿意在你还是一张白纸的时候花时间去教你并对你抱有期望,才会愿意让你独立、全流程地去做一个案件而不在意你是否会挖走这个客户,才会愿意在你做得不够好的时候不会太有"怨气"地去帮你"擦屁股",而这些才是一名新入行律师成长中最需要的事。

你只有中意你师父,才能够提高沟通效率,在你还是一张白纸的时候大量地吸收信息,才能够把师父的事当成自己的事,认真地接待每个和你并没有啥交情的客户,才能够感恩师父帮你"擦屁股"并从犯错中迅速成长,而这些才是一个师父期望看到一名新入行律师在成长过程中的最佳表现。

只有如此,双方才能真正共赢。

所以选律所,核心是选师父。

---

① 此处的"师父"更接近于"律师团队负责人"的角色。

我理想中的律师团队

一、我心目中的律师团队

团队内应有三种不同类型的律师,分工明确,价值观相合。

1. 案源型律师

负责案件的基本来源:利用自己的综合能力引入案件。

负责案件的增值服务:利用自己的综合能力提高案件收费。

要求:需要有一定的格局和个人魅力。

2. 管理型律师

对外负责团队价值放大:用营销思维放大案源型律师和专业型律师的优点。

对内负责减少团队内耗:团队内的招聘、培训、管理;增强团队人合性。

要求:需要有复合型知识储备和创造力。

3. 专业型律师

守住每个案件的底线：保持实战，对案件结果有准确把握；保持学习，对新法律、新行业有足够的敏感度。

输出专业知识：扩大团队和自身的专业影响力。

要求：需要有长期主义和法律信仰。

二、我心目中专业型律师的评价标准

虽然一名律师是否专业，到现在仍没有相对客观标准，但总要先提出一些标准，才有可能形成客观标准。以下是我的一些个人评价标准，供讨论。

1. 胜诉率高

真正的胜诉应当是双预期重合：客户预期和代理律师预期重合。

案件结果达到客户预期，但超过了代理律师预期（不论好坏），说明在这个案件中，代理律师多半是"混"的，说自己完全胜诉心里多少应该有点虚。

而案件结果达到代理律师的预期，却没达到客户预期的案件，那客户一定不会很满意，下次客户也不会再找这名律师了。即便案件有好结果,对代理律师来说也只能聊以自慰,难言胜诉。

所以,只有自己对案件预判准确,再加上对客户预期管理到位,才能称为胜诉率高的律师。

2. 公开自己的专业观点

在公开场合,通过演讲、文章、书籍、视频、音频等,明确地展示自己的思路和观点,远比拿着一个只有法官说理,没有律师陈述的"胜诉判决"更能显示专业。

因为只有在公开场合,你才能真正因为你的观点承担责任,结果无论好坏,都应该是你的,混无可混,避无可避,这样才能真正地发挥市场的调节作用,优胜劣汰。

3. 同行口碑好

客户说一名律师"好",其实并没有太多参考意义,一是因为大多客户并没有识别律师工作和案件结果之间联系的能力,只会以"输了"的律师不好、"赢了"的律师好的结果来评判。二是客户所说的"好",有很多其他因素混合,比如服务好、沟通好、人品好等,不一定直接指向律师专业水平的高低。

很多比赛中,只有第二名知道第一名有多厉害。所以,同行,特别是合作过的同行,对你专业度的评价,远比自卖自夸和客户的评价更有说服力。

团队管理和带教律师

一、为什么碰到一个好带教律师这么难？

律师行业的好带教律师确实少，引得新入行律师的吐槽也不少，但好带教律师少的原因又是什么呢？

1. 律师培养没有专门学科设计

师范学校的目标是培养教师，医学院的目标是培养医生，但法学院的目标并不是培养律师。虽然这三个职业都是实践性很强的职业，全靠学校单方面去培养也不太可能，但至少教师和医生的培养在学科设计上是有意识地为今后实践去做准备的，而现在法学院培养法学生的重点主要是通用法律意识，并没有把法律学者、法官、律师和其他法律工作者区别对待，而这些细分方向需要的技能和理念是不尽相同的，需要的实践方向也是不同的，导致很多刚毕业的法学生进入律师行业根本不能适应，需要带教律师从零教起。

从零开始培养，无疑对带教律师的要求会更高，那么想找到好的带教律师当然也会更难。

2. 好运动员不一定是好教练

很多律师自己确实不擅长带教。就算资源很强、专业水平很高，也想用心把你带好，但确实没有方法和耐心，毕竟他自己没专门去学过带教，只能按照自己的成长方法来，而这个方法又不是所有人都适合和能接受的。况且很多传统的带教思路可能已经落后于时代了，导致带教律师费力不讨好，实习律师压力大，心理接受度也不高。

而且律师行业至今也并没有形成相对统一的"从零到一"的带教理念，想碰运气找到一个好的带教律师，从客观条件来看，概率本身就不会很高。

3. 投入不一定有回报

律师职业是非常自由的，理论上拿到律师证就可以独立执业。在"师徒"之间没有建立起足够的人合性之前，带教律师一定会考虑你在拿证就独立的情况下，应该投入多少精力来培养你，在"能用"和"好用"之间找一个平衡点，甚至会"留一手"以防培养一个直接竞争对手。在实习律师看来，还要"留一手"甚至"留几手"的带教律师必然不是一名好的带教律师。

所以，如果你现在能碰到一名你认为好的带教律师一定是非常难得的，一定要珍惜、感恩。

二、带教律师的痛点

前文说到,从律师行业角度来看,好的带教律师比较少的几点原因,但从带教律师个人角度去看,他们为什么也很难成长为一名好的带教律师呢?

1. 没时间

大多数带教律师自己本身就有很重的工作任务,办案、出庭、开会、拓案都会占用大量的时间,能专门找时间去指导和培训新入行律师的精力确实所剩不多。

2. 缺少带教经验

在律师行业,带教律师没有带教专业经验很正常,很多带教律师自己都是野蛮生长的,哪有什么成体系的逻辑和经验往下传呢?就算自己确实有一肚子的货,但还没有打磨出一个深入浅出的带教体系,十分能力也倒不出来一二分来,带教效果不好经常还搞得自己着急上火。

3. 个人经验单一

一位带教律师经手的业务类型肯定是相对单一的,至少处理这些业务的方式方法是相对统一的，所以他们可能有些路径依赖，导致相关经验并不是最优解。

而社会是发展的，行业是需要进步的，很多问题需要新解法、新思路，需要新入行律师开发出自己处理问题的逻辑和方法论，但由于一位带教律师所给的业务和经验相对单一，无法提供足够的素材和信息给新入行律师去打磨自己的体系。这点上，大多数带教律师确实是"爱莫能助"。

4. 没新鲜感

很多带教律师和新入行律师已经沟通过很长时间了，俗话说"话说三遍淡如水"了，说来说去就是那么几个点，还在不断地强调效果肯定不好，甚至还激起了逆反心理。

外来的和尚会念经，哪怕是同一个道理，不同的人讲效果就是不同，但一个带教律师的风格肯定是相对固定的，不可能天天都有新鲜感。

在行业现状和带教律师个人情况的双重限制下，"野生"的好带教律师真的很稀少了，那么，有没有可能专门"人工"去培养出一批好的带教律师呢？

三、律师行业为什么也会有"教会徒弟饿死师父"?

"教会徒弟饿死师父"是很多传统手工艺行业流传的老话,但律师作为现代服务行业,和传统手工艺行业的差别还是比较大的,那为什么也会存在这种情况呢?

1. "师父"的专业水平不高

如果一个被认真带教一两年的"徒弟",会成为"师父"有力的竞争对手,那"师父"的专业壁垒也太低了吧?一名带教律师少则执业五年,多则执业十几年,总应该有一些或者一点儿自己独到的理解和解决方案,不是一两年就能学成的吧?

换个角度来看,能一两年就被完全掌握的技能,其实也藏不住,也没必要藏吧?

2. 客户对"师父"的信任度不够

如果说自己的"徒弟"一两年后可以挖走"师父"的客户,那说明这个客户其实也没有完全信任"师父"。客户是感性的,对律师的专业水平并不敏感,能感觉到的是和律师平时的交往、做事的态度和结果的交付。所以客户对律师的信任来自日常的积累。

如果"徒弟"可以超过"师父"时间积累的信任而挖走这个客户,只能说明"师父"根本就没有把和这个客户的信任建立起来。哪怕"徒弟"是用低价策略挖走的,也说明客户对"师父"以前的溢价是不满意的,只是一直没有说出来罢了。

3. "师父"的客户总量不足

指着两三个客户吃饭,流失一个就会朝不保夕,不得不对"徒弟""严防死守",把精力花在内耗上,这很难说是一个正常运转的律师团队。如果"师父"的客户多到根本都服务不过来,还有"教会徒弟饿死师父"的问题吗?

4. "师父"的认知格局不够

任何行业,特别是有红利的行业,做蛋糕远远比分蛋糕重要,如果"师父"把精力放在防止"徒弟"分蛋糕上,是难以抽身把蛋糕做大的。而且,带出来的优秀"徒弟",其实是最适合帮你一起把蛋糕做大的。没有这种认知的团队,也不是健康的团队。

5. "师徒"之间信任度不够

律师虽然没有退休制度,但健康律师团队的"传帮带",是可以让"师父"体面、安稳地退休的。"师父"把自己的优质客户传递下去,对"徒弟"扶一把、送一程,服务有延续性,才能和客户更好地绑定起来,也让自己可以在繁重的律师工作中抽身。在双方都认可的合理分配机制下,达到"教会徒弟养老师父"的状态。

而要达到这种状态,需要"师父"对"徒弟"有足够的信任,也需要"徒弟"对"师父"足够的感恩。

四、律师团队流失率这么高,到底是哪里出了问题?

"拿证就独立",已经成了律师行业的普遍现象,拿证之后马上更换团队,也是司空见惯,导致一个律师团队里有两个待过五年以上的律师已经成了一个"稀有现象",律师团队这么高的流失率,到底是哪里出了问题呢?

从律师个人角度来看,原因可能有:

1. 律师自由度需求高

不论是受电视剧影响,还是行业榜样影响,大多律师选择律师行业,多少是对身体自由和精神自由这两点有需求的。所以一旦固定坐班甚至加班,或者自己的意见得不到充分表达和尊重，都会让律师感到难受。而大多数管理方式，多少又对这两点有所限制。

2. 律师独立成本低

别的行业跳槽还要先看有没有一个可以相对匹配的下家，免得受地域或者工具的限制直接失业。而律师哪怕找不到合适的团队，也可以直接独立甚至换所，找不到好所，甚至自己开个所都不算太难，一个人、一台电脑、一本律师证就可以接案开工，基本属于无成本创业。

3. 律师个性化程度高

律师行业是个服务性行业，而服务性行业是非常难"标准化"的。能在这个行业存活下来的律师，大都形成了一套适合自己生存发展的个性，每个人都在自己的市场验证了自己个性的合理性，谁还能服从统一化管理？如果接受管理，但不能带来足够多的补偿，谁都不愿意受这个气。

从团队角度来看，原因可能有：

①带教模式问题。

好的老师，不是教授了学生什么不得了的知识，而是激发了学生对这门学科的兴趣，从而让他自己自发地、深入地、创造性地研究和学习。同样，在律师行业，新入行律师也不是因为哪位带教律师传授了什么"独门绝技"而变得厉害，而是这个团队的"土壤"让他"长"出了自己独有的东西。

传统的带教模式本着有教无类的理念,不管是谁、有什么基础和经验、有什么天赋和特长、有什么样的世界观、人生观和价值观,都是一样的思路和方法实行培养,那就可能不仅没有激发新入行律师的兴趣,甚至让他们丧失了对行业的希望。

而且这种带教模式不仅让自己累,效果也不会很好,就算可以给新入行律师打造一套专业技法,但他不喜欢、不擅长,也就不会开心,那流失率自然就高。

解决方案:先选后培,因材施教。

②"师徒"关系问题。

律师行业大多以"师徒关系"自居,但经常只取"师徒关系"中的表象(特别是对"初级学徒"):家长式教育、有明显等级感等。而没有取"师徒关系"中真正的内核:命运共同体,一荣俱荣,一损俱损。在"师徒制"的理念下,大多数"师父"给予的前期薪水和工作条件也是相对苛刻的,新入行律师的"物质""精神"双重不保障,流失率自然也高了。

这种表面化的"师徒关系"不仅限制了"徒弟"的发展,也拉低了"师父"的上限:总觉得徒弟是徒弟,不可能也不允许超过自己。这就导致徒弟永远想跑,师父也只能相信自己,最终无法有效团队化,那也就更别提进一步发展了。

解决方案：建立平等关系，相互学习。把每个"徒弟"都当作未来潜在的合伙人对待。

五、带教律师给我印象最深刻的十句话

1."谁签字，谁定稿，谁负责。"
当我和其他律师对法律文书的意见不同时，他如是说。
2."发现问题，分析问题，解决问题。"
当我请教如何成长为优秀律师时，他如是说。
3."只要我没主动和你指出来，你就做得不错。"
当我问最近的工作有无什么做得不对的地方时，他如是说。
4."与其来回跑在路上浪费时间，不如就在附近住下多睡一会儿。"
我在远郊培训一个月时，他出钱帮我租房时如是说。（这一个月，无任何工作安排。）
5."在把律师费收进来之前，和客户谈得再好都没用。"
当我们很满意地完成一个客户的面谈时，他如是说。
6."什么都可以吃，但不要吃多。"

当在自助餐厅只拿一碟菜时,他如是说。

7."只要不是极端特殊情况,那还是要游泳的。"

在某天晚上10点下班后,他如是说。(他游泳频率是365天里至少350天。)

8."给助理工资高一点,1000块只不过是你请人吃一顿饭的钱。"

别人问他助理工资怎么开时,他如是说。

9."从下个月开始,你的工资多发××元。"

当我每次有一点想和带教律师谈加薪的意念时,他如是说。

10."我希望有一天是你们给我发工资,我给你们打工。"

和我谈职业规划时,他如是说。

六、最好的培养是允许犯错

1. 带教律师:最好的培养是允许犯错

没有人教人,只有事教人,再怎么形容火的可怕,不被烫一下是不会让人产生足够警惕的。很多带教律师把新入行律师"保护"得很好,不是对终版文件逐字逐句修改,为他们保驾护航,就是但凡有一点犯错的概率,就不让他们独自去办,生怕他们犯错,生怕他们被真的"火"烫到。

其实,带教律师要做的不是不让新入行律师犯错,而是要给机会让他们犯错。只是要根据新入行律师的能力范围来控制犯错的空间,不能一下给远超其能力的,结果还可能会很严重的任务,以免一上来就搞出一个"致命"错误,让团队无法承受。

那么,这就要求带教律师必须有一定兜底能力来消解新入行律师犯的错;否则,小错不消解必然会累积成大错,团队最后可能还是无法承受。可以说带教律师的兜底能力越强,新入行律师可以犯错的空间就会越大。

所以好的带教律师状态是"允许犯错+能够兜底"。

2. 新入行律师:最基本的回报是不老犯同样的错误

机会不仅是给有准备的人,也会筛选人。

犯错的机会也是机会,如果同样的错误,一而再、再而三,哪怕再小、再没危害性,也会让你丧失获得"犯更大的错"的机会。

当然,世界上没有完全一样的错误,同样的错误是指同一个逻辑下的各种错误,懂得"举重明轻""举轻明重",是快速穿越重复错误的好方法。

所以最好的学习状态是"敢犯错＋基本不犯同样的错"。

七、办案要求：专业可视化和服务效率化

专业可视化，包括：

1. 初步法律意见书

使用场景和定义：和客户第一次面谈或收到客户案件材料后三个工作日内，提供基于本次会面信息或者材料所出具的书面法律意见。

答疑：

初步法律意见书的作用是什么？

对团队，是一次处理实际案件的研究机会。

对客户，是一个取得良好印象的开始。

初步意见书应该写到什么程度？没有委托就给意见书会不会被"蹭咨询"？

意见书就是基于现有证据得出的初步结论，没有什么刻意保留的必要。如果客户可以拿着你的意见自己去办案，那么这个案件确实也没多大难度需要请律师（至少在客户视角是这样）。如果客户是来"蹭咨询"，那么这份

意见书,就是个双向选择的工具——他没有选择你,你也不会选择进一步和他交往。和一步步地被"蹭"相比,一份意见书的效果反而来得痛快。

2. 庭前提纲

使用场景和定义:接到案件委托后,将案件各类信息分类、梳理、归总,把案件的客观事实翻译成庭审中需要表达的事实,在庭审前、庭审中和庭审后都需要使用。

答疑:

庭前提纲的作用是什么?

开庭前对案件信息的梳理、开庭时庭审表述的引导及开庭后对案件细节的回顾。在庭审前,帮助主办律师体系化梳理案件。在庭审中帮助发言律师迅速回应法官问题,加快法官理解效率。在庭审后,帮助主办律师迅速回忆案件情况。

庭前提纲有哪些内容?

程序性的:包括开庭时间、地址、法官姓名、联系电话、保全情况、诉讼费及相关费用情况等。

实体性的:包括案件背景介绍、主要争议焦点、答辩要点、质证要点、诉讼策略和方向、须补充事实和信息、相关法律规定、主要诉求的请求权基础、大事记、可视化图等。

3. 案件事实大事记

使用场景和定义：以客观的时间维度为基准，将案件的客观事实加以梳理，多用于案件开庭前的事实梳理、开庭时的观点引导及开庭后的案情回顾。案件事实大事记可并入庭前提纲内容板块。

答疑：

案件事实大事记的作用是什么？

在相对简单的案件中，可以帮助法官提升写判决的效率——大多数判决都需要记录一些关键时间节点。

在相对复杂的案件中，可以阐明时间节点和案件争议焦点之间的印证关系。

4. 案例检索报告

使用场景和定义：所代理案件存在具体法律问题，且暂无明确、统一答案，并至今未做过类似检索报告的案件，均需要做案例检索报告。该报告以具体法律问题为导向，提供正、反方观点，并从中寻求有价值的、对本案有帮助的观点和思考。

答疑：

案例检索报告的作用是什么？

对所办理案件具体法律问题的研究和积累。所形成的报告既可以启发团队的办案思考，也可以用于案件中对法官的说理和参考案例,还可以用于团队知识储备,提高办案和培育效率。

案例检索报告的基本要求是什么?

参考《如何做一份案例检索报告》[①]。

5. 争议焦点可视化

使用场景和定义:当案件事实或法律关系无法通过文字精简说明时,通过思维导图、关系图等可视化方式,将本案最关键的信息展示出来。

答疑:

争议焦点可视化的作用是什么?

图文比纯文字传递信息的效率更高,一张做得好的可视化图至少可以节约三倍的文字阅读量。除此之外,图文比文字有更多可以影响法官心证的表达方式。

参考版式:北京天同律师事务所蒋勇律师编纂的《诉讼可视化》[②]。

6. 模拟庭审

使用场景和定义:一方(可多人)扮演法官提问,一方(一般为代理人)直接回答所提出的问题,适用于所有

[①] 本书的第二篇第三章《疑难案件的三位一体:推演会/模拟庭审、案例检索报告和案件焦点可视化图》。
[②] 蒋勇:《诉讼可视化》,法律出版社,2017年版。

诉讼案件。程序性问题均可以省略，除影响实体审理的程序性问题，只问法官可能问到的、影响判决方向的问题。

答疑：

为什么所有的诉讼案件都要做模拟庭审？

不是所有的律师都具有超高的临场反应能力，不想在庭上手足无措，那就多演练几次。简单的案件可以只做一到两次，复杂的案件可以在庭前21天、7天、3天、1天各做一次。

7. 会议纪要

使用场景和定义：所有包含具体案件交流内容的线上、线下客户会议。记录的内容主要为案件策略研讨、核心证据分析、律师意见记录等，能够体现案件走向和律师工作的内容。

答疑：

会议纪要的作用是什么？

一是同步有效信息，减少当事人焦虑也减少律师工作量。每个涉诉的当事人内心都是焦虑的，有些问题会问很多次，可能是问过后忘了，也可能是想反复确认，有书面的会议纪要会提高双方沟通效率。

二是记录有效信息，防范律师执业风险。有些风险和策略，律师明明已经提示过多次了，但如果没有文字记录，一旦发生较为不利的后果，加上如果有不好沟通的当事人，律师的执业风险将无法控制。

8. 庭审报告

使用场景和定义：庭审后三个工作日内，提交的关于案件庭审的基本情况、双方对于争议焦点所发表的意见、需进一步补充的材料和代理律师关于下一步的意见等内容。适用于所有诉讼案件。

答疑：

庭审报告的作用是什么？

与会议纪要作用类似，属于"庭审版"的会议纪要，可以提高律师回顾案件的效率。

9. 办案大事记

使用场景和定义：在案件结案后，提交的关于律师工作内容的重要节点汇报等内容，一般以工作内容发生的时间顺序来梳理、汇报。适用于所有诉讼案件。

答疑：

办案大事记的作用是什么？

记录律师重要工作节点，将律师的服务可视化。法律服务，既包括法律，也包括服务，律师的工作量大多是无法可视化的，导致客户的被服务感低，记流水账的工作小时记录既费时也不真实，不如用重要事件的记录方式，简洁地展示律师的工作内容。

10. 办案总结

使用场景和定义：在案件结案后，特别是在较为复杂、疑难的诉讼案件结案后，所做出的对案件全流程或主要成果的总结及回顾。也适用于当事人需求总结的案件。

答疑：

办案总结的作用是什么？

一个案件，不应当只有一份判决作为成果，因为参与庭审的除了法官，还有双方当事人、代理人，以他们的视角来看这个案件，这份办案总结会提供判决中所感受不到的信息和价值。

而且，律师虽然是实践性较强的行业，但贪多嚼不烂，做多不如做精。将一个领域内的两三个较为复杂、疑难的诉讼案件好好总结、反思复盘，不说成为这个领域的专家，也至少是这个领域的能手。

办案总结有哪些形式？

可以是办案心得，也可以是专业文章，甚至可以是法官评价，还可以按照客户需求，调整成办案汇报。前述所形成的1~9点也可以作为汇报底稿，一并提供。

服务效率化，包括：

1. 所有的书面工作尽量都要在三个工作日内完成。

所有书面文书都有时效性，一周后再给说不定客户已经选定了别的律师，或者已经采取了某种方案，再提供的意义已经不大了。

如三个工作日内不能完成，须向客户说明原因并再次给定提交时间。

2. 所有的案件（包括顾问单位）需要有至少三个团队成员参与并建立专门沟通群。

一个人的精力总是有限的，不可能总是面面俱到、关注到所有的点。用三个人的视角和精力关注一个案件，可以大大降低办案风险并提高当事人的服务体验。

3. 所有的响应时间不得超过30分钟。

在正常工作时间内，接收到客户的信息需要及时响应，并不需要马上给出答案，但总有人要给个声响。

收到新信息也要尽快与当事人同步，比如收到新证据、开庭通知、缴费通知、和解意向等，有些事情，第一时间没有同步，后面就很有可能忘了同步。

4. 尽量节省当事人的时间成本。

要以当事人时间效率为出发点,能一次盖章的材料,就不要分三次盖章,能提前帮当事人开好发票的(特别是诉讼费发票),就不要等到当事人问的时候才想起来。

5. 养成定期向当事人汇报的习惯。

一般案件,每个月至少向当事人汇报一次案件进度,哪怕没有实质性进度。这不仅让当事人有被服务感,也可以提醒自己有哪些案件需要进一步推进,比如续封时间、退款流程、审理期限等重大时间节点。

第二章

授薪还是独立？

"

千里马常有，而伯乐不常有。

马的身边多为马，优劣有别，本质相同。

千里马一生可遇n匹千里马甚至万里马，但难遇一名伯乐。

而伯乐的朋友多为伯乐，领域有别，需求相同。就算难寻千里马，但百里马也不是不能用。

伯乐一生遇到最多的是：其他伯乐，而不是马。

与其等待伯乐，不如成为伯乐。

利己只能竞争成为最快的马，被动被选。

利他方能实现超越成为伯乐，把握主动。

"

关于授薪律师

一、授薪律师不可能幸福

大多数传统的授薪律师对自己的状态都不会特别满意，主要原因在于：

1. 授薪律师永远不会对薪酬满意

律师行业有一个笑谈：一个案件进来，团队负责人认为他的贡献最大，市场开拓、维系客户、促成成交，都有大量的隐性成本。

主办律师认为他的贡献最大，案件思路、出庭代理、文书把关，都付出了大量的脑力劳动。

实习律师也认为他的贡献最大，案例检索、文书初稿、dirty work，都是他在加班加点地处理，投入的显性时间最多。

这些观点，只有立场，没有对错。所以作为授薪律师的主办律师，觉得自己的价值没有被充分认可，这是合理的自负，也是不可调和的矛盾。

而且，作为授薪律师具有天然的劳动者属性，那么必然需要提供一部分剩余价值给雇主、养活团队其他人，这个矛盾不论是案件提成制，还是年度业绩提成制都无法解决，有上下级分配结构的关系一定存在某种程度的"剥削"，否则雇主承担的外部风险没有相应对价。

除非雇主是个"慈善家"，或者你已经成为实际上的平级关系合伙人，才可能消除对薪酬设计的不满意。

2. 授薪律师不可能挑选案件类型

当然，如果薪酬给得不够，但是工作内容让人开心，部分授薪律师也能接受，过得还相对比较幸福。但现实是，工作中很多不幸福的时候，大都来自团队让你做你不想做的事。

先不说管理上的限制和团队其他律师个人风格带来的不开心，就单说律师的核心工作——办理案件，就让很多律师开心不起来。

因为作为一名授薪律师，没有挑选案件的空间，自己接案件大多也是不被允许的，否则逻辑上从"你帮团队消化案件"变成了"团队按你的需求去接案件"，这基本上是不现实的。

团队想要专业化，你就得放弃很多想学的去搞专业化；团队想要"万金油"，你就得按团队的需求去做"万金油"；团队想搞低价竞争，你就得用1万元的收费标准给出10万元的服务水平（虽然收多少和你关系也不大，但心里多少还是有点不爽）。个人要服从团队的定位是必然的，团队定位不能完全符合个人定位也是大概率的。

在一个以"自由"为核心吸引点的职业，失去选择的自由而又很难有足够的物质补偿，授薪律师当然不可能幸福。

二、合伙型授薪和传统授薪律师的区别

一说到授薪律师，大家觉得第一个基本特征当然是要有人给薪水，但其实拿薪水的不一定就是授薪律师，至少不是传统的授薪律师，这两者还是有很多不同需要区别开的。

1. 传统授薪律师

工作时间：完整坐班。虽然各个团队要求的工作时间、节奏不一样（可以不按时上班，但总工作量摆在那里，总工作时长不会低）。一般原则是薪水越高，工作时间越长。

薪酬构成：底薪＋提成。提成比例各有不同，提成的方式包括且不限于：个案提成、团队业绩提成、团队贡献提成等。只要用提成的方式，基本都还在传统授薪律师的模式内合作。

且一般要求授薪律师不能完全办理自己接的案件，要么放到团队做，要么只能拿部分费用。看似不太公平，其实逻辑上是合理的，因为团队买了你所有的时间，你当然不能再办自己的案件。

成本构成：几乎无成本，所有成本均由团队支出。

自由度：大部分授薪律师是有坐班要求的，在身体上的自由度不会太高。

优点是稳定，缺点是各方面的上限很明显。

2. 合伙型授薪（或称"团队合伙人"）

工作时间：按年限调整坐班时间。

薪酬构成：底薪＋合作案件。合作案件和提成案件的区别是，该案件原则上全部由授薪律师独立办理，案源由团队提供，但不收取任何案源费。如果无法完全独立办理，由主办和协办律师视案件情况确定分配比例。合伙型授薪也可以办理自己的案件，如果能独立办理完结，团队可以不收取任何费用。

成本构成：除自办案件和个人案件产生的成本费用，其他由团队承担。

自由度：大多没有严格的坐班要求，身体和精神的自由度都比较高。

优点是比较平衡,关注了团队律师发展的上限和下限。缺点一,不是所有的团队都有这样设计,机会相对少,所以门槛也相对会高;缺点二,大多数团队这样的位置基本有人了,很难半路进入团队获得这个岗位。

合伙型授薪律师的意义在于,团队内有一个稳定、优质、健康的合作伙伴,对团队而言这种合作不一定在于个案经济价值的实现,而是在于维系客户、培养人才、降低成本和释放资深律师时间。但现在传统型授薪律师仍是主流,再就是独立之后和原团队的松散合作,少有合伙型授薪。其他什么如"半独立律师""半授薪律师"等概念大多是上面两种授薪的不同状态,并没有比较清晰且独立的定义。

三、理想中和现实中的律师独立

理想中:专业过关再独立。
学习三年—打磨两年—五年专业成体系—出师独立。
其间有锻炼机会、有学习榜样、有物质保障。
最好有团队照顾、有同行认可、有客户积累。
相信只要有专业自信,就能行稳致远。

虽然可能过于长期,有点儿挑战人性。也可能成长环境不友好,难以坚持,但我有信心一定可以做到!

现实中:先独立再说吧。

一年苟活—两年独立—三年生死有命,富贵在天。

其间能学点啥就学点啥,想办法搞点案源,先活下来再谈专业。

最好第一年就接个大案,三年买车,五年买房。

相信有奇遇就可迅速获得可观收益,从物质保障获得安全感和成就感。

最后发现,不是人人都有奇遇。即便有奇遇的人,也再无法回头,很难再静下心去吃专业的饭。没奇遇的人更是两头没挨着,既没赚到什么钱,专业也荒废已久了。

四、我选择独立的原因

1. 规划

度过前两年的磨合期,大概到拿执业证前后,我的主观意愿就是跟随团队负责人五年左右,既是因为他各方面和我比较契合，同时也是有些感恩的心态，不能拿证就走。

所以我实际选择独立的时间是律师执业满四年，如果从入职时间开始算是五年半左右独立。

2. 专业

团队内部：执业第二年起，基本上团队给我经手的所有案件和所有流程，都是我作为责任人完全处理，在团队能给我的案源范围内，专业能力的提升已经进入边际递减。而且我四年来给团队带来的风险律师费用（风险方案也是我独立负责设计），也已经大于四年来团队给我发放的基本工资。

团队外部：大概执业第三年开始，已经有团队外部人员认可我的专业，向我请教专业问题，也开始有案源介绍、合作的意向，但因为在团队内做授薪，合作暂时不能完全展开。

3. 时机

2019年，我已经拿到广州地区授薪律师排名前10%水平的收入。

2020年，疫情开始蔓延。

我认为，对团队而言，我的成本和发展天花板都是比较难处理的问题，于是选择在2020年6月正式独立。

虽然我的独立之路不一定有参考性，因为我与团队负责人确实有比较难得的契合度，但我的独立思路还是可以参考的。什么时候可以独立，什么时候应该独立，心中还是需要有些筹划的。

五、除了做传统授薪律师，就只能独立执业吗？

传统的授薪模式难言幸福，那律师就只能独立吗？再看看那些拿证就独立的律师，有多少是在焦虑案源和在基本生存问题上挣扎？传统授薪和独立模式都不能解决的问题，合伙型授薪其实已经解决了。

1. 合伙型授薪：给予自由的时间

自由，既是律师职业最大的吸引力，也是律师成长的必要条件。如果每天的有效时间都被团队事务占用完了，律师个人哪还有时间发展呢？没有逐步给时间让授薪律师发展自己的风格、找到自己的方向，一旦离开团队，成长的成本会剧增，带来的不是安全感反而是不安全感。

所以应当逐渐把时间放给授薪律师自行支配，完成结果交付即可。而且还要根据不同授薪律师的办案效率控制占有使用率，不要满载甚至超载使用。

这既可以调和"授薪律师永远不会对薪酬满意"的矛盾——你有时间去自己验证和实现自己的价值,也可以减轻年轻授薪律师成长起步的难度,增加团队的黏性和温度。

2. 合伙型授薪:给可以选择的案件

如果授薪律师完全不喜欢这个类型的案件,那他这个案件的办理的投入和结果一定不会高到哪里去,长期来说,对各方都是一种伤害。

与其这样,不如按授薪律师想发展的方向,在固定一定案件数的基础上,再选择性地给案件,既可以提升办案水平,让客户满意,又可以让他日后成为你真正的合伙人——他有些类型案件研究得比资深律师还深。

当然,这既要求授薪律师有合伙人的潜质,也要团队接得到才行。所以又体现了找团队双向选择的重要性,授薪律师不仅要看团队的业务范围中有没有自己的交集,团队负责人也要看这个授薪律师是否有值得长期培养的品质。

3. 合伙型授薪:团队保障下限,自己寻求上限

控制好了占有使用率,授薪律师只要交付的成果有质量保证,就可以接自己的案件,团队律师如果没有介入的话,最好也不要搞提成、案源费,前辈们真的差那一

点吗?

而且,在授薪律师具备完全可以自己处理某种类型案件的能力之后,可以由团队负责人向客户示明,完全交由授薪律师自己去负责。如果团队负责人不参与也不承责的话就不要收什么费用,既节约了自己的低效时间(客单低的案件),又拉高了自己的门槛(一般收费请不到我),还增加了授薪律师的黏性,节约了强势管理的成本。

想要合伙人型的授薪律师,团队负责人的格局还是要拉高一点。想成为团队的合伙人,授薪律师也要有感恩之心,别浪费团队给的机会和信任。

所以合伙人型的授薪律师的薪资基本公式是:

团队控制占有使用率的固定薪资+团队支持/合作的案件+律师自己开发的案件

这样团队的薪资压力小,授薪律师的发展空间大,双方的人合性高,摩擦成本还小,何乐而不为?

六、合伙型授薪律师一年做多少案件合适?

一般以这名授薪律师办案量的30%~50%为标准。比如这名授薪律师一年能有质量地办理40件案件,那么每年团队安排12~20件之间比较合理。

主要理由是：用多了给不起，用少了活不下去。

授薪律师永远不会对薪酬满意，想让双方有合作的空间，就不能死磕在薪酬上，给不了"炸裂"的薪酬，就要给相对的自由。

团队只安排律师能力上限50%的办案量，其他50%就看他自己发展了，到底是"怀才不遇"还是"自视过高"，有时间在市场上闯一闯，也可以搏一搏上限。

如果用得太少，必然固定薪资也不会太高，授薪律师活都活不下去了，还谈什么自由？这时候空间是给够了，但约等于没有保障的团队还不如直接独立算了。就算他不愁吃喝，团队黏性和成长素材也不太够。

但这也要求团队负责人要想明白一个点：与其大包大揽，不如分而治之。与其找一个30万元或者更高年薪的授薪律师，把什么案件都全包了（说不定还得给他再配个助理），不如来3个10万元年薪的授薪律师，且只用他三分之一的时间，案件办理质量一定比一个大包大揽的授薪律师要好，授薪律师的成才率也会更高，团队的薪资压力也不会那么大，不用靠每年涨薪资留人。

只要已经对自己的成长路径和团队的价值取向达成了基本的共识，那么管理（合伙型的弱管理）三个人的成本也不一定会比管理（传统的上下级强管理）一个人的高。

成长的路径

一、我心目中新入行律师的成长路径

1~3个月实习期——

律师团队判断:是否符合团队文化,是否有成为合伙人的潜质。

实习生判断:是否认可团队文化,是否和带教律师契合。

合则进入实习律师期。

1年~1年半实习律师期——

律师团队层面:保障实习律师的基本物质生活水平,发现实习律师的天赋所在,确认实习律师是否符合团队发展需求。

实习律师层面:初步了解律师行业、律师事务所、律师团队、律师团队主要业务、律师办案基本流程、律师基本素质的基础逻辑并具备相应的基本能力。

合则进入合伙型授薪初期。

0~2年执业律师期——

律师团队层面：以结果管理为导向，逐步放权、放时间。针对其天赋定向安排部分工作。

在薪水无明显变化的情况下，不增加工作量并减少10%~30%的固定坐班时间。

律师层面：发现并发挥自己的天赋。

案源拓展方向有天赋的，争取在收入构成中有10%~30%来自自身案源。专业研究方面有天赋的，争取在某一领域的法律研究达到4~6分水平。

合则进入合伙型授薪成熟期。

2~4年执业律师期——

在薪水无明显变化的情况下，不增加工作量并减少30%~90%的固定坐班时间。

合则逐步转化成合作模式，成为共担风险的团队合伙人。可以案源合作，可以专业合作，也可以团队管理合作。

自由是创造力的温床，也是大家向往律师行业的原因之一。传统纯授薪模式下，没有身体自由也难有精神自由，导致有天赋的律师留不住，留住的也很难产生溢价，成为此消彼长的"零和"游戏。所以，只有逐步成长为真正的合伙人，才能真正发挥律师的所有潜力。

二、如何判断自己有没有合伙人潜力？

1. 效率高

别的律师一年跟15个案件已经饱和了，基本已经干不了别的事情，甚至还需要助理的协助才能完成。你一年干40个案子还有余力，从前到后基本可以独立完成，团队省心，客户放心。这是有专业型合伙人的潜力。

2. 案源多

你给团队/同行介绍的案源费，比你拿的工资还多，你谈的律师费单价比资深律师还高，你跟的客户，哪怕你介绍出去或者是别人介绍给你的，最后都只认你。那你有案源型合伙人的潜力。

3. 有感恩、利他之心

不管你是效率高还是案源多，如果什么事都把自己的利益放在第一位，是很难得到其他律师认可的。律师是一个长期行业，也是个人合性行业，自己一个人是玩不转的，只顾自己利益也是玩不长的。如果有感恩、利他之心，哪怕效率没那么高、案源没那么多，至少也可以成为一个"人缘型"合伙人。

当然，这些标准只是个人意见，你也可以自己换位想想，如果你想培养一个合伙人，你希望他是一个什么样的人？有什么特点？再反过来想，自己是否满足自己的标准、具备这样的特点？

三、已经成为律师了，考证还有用吗？

CPA、CFA、专利代理人资格、证券从业资格、演艺经纪资格……这么多非本专业的证，新入行的律师们到底有没有必要去考？考这些证到底有什么用？

1. 以考促学

这是很多人的心态：反正都想学了，不如以考个证为目标促进一下自己。如果是学生身份的话，还可以理解，但新入行律师还用这个理由的话，就经不起推敲了：

你自己本专业的知识学好了吗？就开始跨专业？你自己都过了法考当律师了，难道不知道理论知识和实践知识差距有多大？又储备一套用不上的"理论知识"干什么？

以新入行律师的角度去看"以考促学",性价比极差。

2. 提升简历

这也是很多初求职学生的心态:即便学不到真正有用的知识,我有证的简历是不是更有竞争力?当然是的,可以说明你的学习能力和考试能力还不错。

但以新入行律师执业后换团队的简历来看,效果也是微乎其微。即便是给陌生客户展示,也只能建立初步的信任,律师看的是实践经验,证书多证明不了你有很多实践经验,甚至可能还有反面证明效果:天天考证已经没剩多少时间去展开实践了。

3. 缓解焦虑

所以很多人考证的真正目的,是缓解心理焦虑:证可能没多大作用,知识可能也用不上,但至少我没有浪费时间。

对于这种目的,可以理解,但不鼓励。

4. 接触行业

有些证是进入另一个行业的敲门砖,就像法律资格证之于法律行业、CPA之于会计行业。

但除了想彻底换到另一个行业外,这个敲门砖也可以用来了解与接触一个行业和行业的相关人士，但前提是目标清晰：不是为了拿个证，而是在拿证的过程中接触相关行业的人。那为拿这个证所参加的培训班、交流会，甚至微信群，都远比这个证重要了。

5. 需求倒逼

你已经有这个行业的潜在客户和业务了，需要用一些证书，特别是职称型证书做背书。只有这种情况，你的"以考促学""提升简历"才有实质意义，也才能真正地"缓解焦虑"。

第三章

不一样的专业提升理念

未知和求知

在自己的平面上,永远只有一望无际的未知。

只要升维一点点,就可以看到更远的边界。

升得越高,越知道边界在何处,未知带来的恐惧就越少。

与其无知而无畏,不如求知而不惧。

律师和案件

一、想提升专业能力,一定是从案件中吸取养分

想提升专业能力,那么每一个案件,都必须达到"10+1+1"标准,即一个案件,至少查阅过十个相似案例,总结出至少一个最能影响案件判决的要点,并至少写过一篇案件总结或者相关法律文章。

其实这个标准也是锻炼逻辑最基本的方法,即先归纳再演绎,再总结复查。虽然我们不是判例法国家,但相近的案例一是可以体现法官的裁判思路,二是多个案例才能够交叉对比,相同判决结果的案例之间的相同点在哪儿,不同判决结果的案件之间的不同点又在哪儿。只有分析了足够多的案例,才有可能找到稳定影响判决的要点,最后再经过总结或法律文章,详细地记录下此时此刻此认知下的结论,待日后的检验和提升。

很多新入行律师总说自己办理的案件太少,成长太慢,其实按"10+1+1"标准,他自己手上的案件都根本没有吃完、吃透。

同样，很多律师就算很多年来也办了很多的案件，但专业水平却仍然没怎么提升，就算是同类型的案子做了很多，但"做而不思"，做再多也没有任何底气和体系，不能直接点出这个类型案件的核心争议、最新规定和最新判例。如果没有把每个案子掰开了、揉碎了去研究，就等于是做一个丢一个，既没有充分吸收每个案件的经验，又没有形成体系去提升下一个案件的质量。没有形成循环，专业能力只会原地踏步。

虽然我们总说律师是越老越吃香，但原地踏步地变老，越老只会被淘汰得越快。

二、律师专业成长加速器：帮同行研究案件

办理案件是律师成长经验的直接来源，但自己主办的案件数量太少，或者类型太单一，光看公开案例又因为没有细节和温度看不进去，那如果能帮身边的同事、同行研究案件，可能是个一举多得的破局之法。就像巴菲特说的：试着从你犯过的错误中学习——不过更好的方法是，从别人犯过的错误中学习。

1. 促进交流，互通有无

和公开案例不同的是，同行的案件是有可以分享和讨论办案思路的，哪怕当时的思路不成熟，对没有相关案件经验的你来说，也是很有价值的。

因为不愿辜负对方的信赖和无私分享，或者确实对这个问题很感兴趣，你的研究都会比完全不相关的案例更投入一些，而这些研究成果也可能多少会为主办律师提供一些价值，最终达到一个"双赢"的平衡。

2. 高性价比的验证逻辑、获得案件信息

一个案件，除了纯法律专业的事务，还有很多沟通、跑腿等耗费精力的其他活，而通过研究同行案件的方式参与到这个案件，就可以节省掉很多非专业的精力耗费（毕竟你也没收费，不可能让你干具体的活）。

你只需要在关键节点，获得一些关键信息就行：这个案件的这个问题是不是按照你的思路进行的？如果是，结果如何，有没有得到法官支持？如果不是，他们用了什么更好的策略，有没有得到法官支持？

如果你对这个案件确实上心或者有贡献，相信大多数律师都是很愿意分享一些关键信息给你的。这样就相当于你用十分之一或者更少的时间，获得这个案件的精华信息。

而这些信息，既可以是你以后办案的经验，也可以是和客户谈案的资本。和拿别人的案件"借业绩"相比，你这个案件可是真实地投入并了解了细节的。

3. 没有案件后果，想象空间更大

毕竟你不是这个案件的主办律师，不用承担太多的后果，所以受到的限制也会更少。在这种条件下，你的方案或者思路就会彻底放开（哪怕主办律师没采纳），达到一个自我训练的效果：一个案件的纯法律问题，我到底能给出多少方案？只有你能想出来的方案，才有可能在某一天、在某一个案件中用出来。

4. 建立良好印象，为将来打基础

同行是新入行律师最大的案件来源，通过一个在非自己主办的案件中体现的专业能力、方案设计、研究态度，是可以在同行中打下好的口碑的。这个口碑，远比印象流、社会职务流来得更扎实、更长远。

别说愿意进行案件交流的同行很少，实际是你根本就没上心去找。

三、律师研究案例的误区

每个律师,特别是诉讼律师都离不开研究案例,但很多时候,又很容易进入案例研究的误区。

1. 价值偏向

作为案件的一方代理律师,研究案例大多倾向性——只看支持自己观点的案例,不看相反观点的案例。这样看案例只能加强自己已有的观点,很难得到新的信息量,对庭审思路帮助较为单一。

其实一个案件能否取得好结果,研究观点相反的案例可能比观点相同的性价比更高。

2. 不够仔细

一个案例明明有二审或再审已经进行了改判,代理人为了支持自己的观点还在引用这个案例一审法官的说理,或者根本就没看案例原文,只是看到某个作者文章中提到了这个案例,就把这位作者的个人理解等同于这个案例的裁判观点。

如果只是诉讼策略考虑还可以理解,如果是真的没仔细查看，那就可能耽误大事了。

3. 不建体系

明明一个案例是A＋B＋C=10，三要素缺一不可，或者权重根本不一样，律师却得出一个A=10，或者A＋C=10的结论，失之毫厘，差之千里。

当然，不是所有案例都是由完美逻辑、完整的稳定因素构成，但把一个案例拆解成若干个相对稳定的影响因素，并就这些影响因素的底层逻辑、案件影响权重建立体系，在"变"中求"不变"，才是真正的研究案例。

4. 迷信权威

"法官说的就是对的。""级别越高的法官说得就越对。"……虽然我们不是判例法国家，但这还是很多律师辩论时喜欢用某某案例中某某法官的说理结论作为标准答案的原因。

法官是一个职业，更是一个真实的人，是人就有不同的价值观和不同水平的专业能力。一个极端、孤立案例的说理和结论，也不一定就是绝对正确或者符合当下价值观的。

真正要关注的是这个案件的细节、背景、逻辑推理过程和价值导向，而不是越有名气、越高级别的法官判决的结果，就越是不容挑战的绝对权威。

疑难案件的三位一体：
推演会/模拟庭审、案例检索报告和案件焦点可视化图

一、为什么推演会/模拟庭审并不普及？

案前推演会/模拟庭审的重要性毋庸置疑，但现在很多重大疑难案件还是由律师单兵作战完成，最多在小团队、合作团队里面讨论一下，并没有把推演会当作一个必要的环节去准备，原因在于：

1. 法律服务市场还不成熟

不成熟的市场，意味着竞争也不充分。

没有充分竞争，谁都想去做一些轻松的业务，没有推演会就能接到的案子，为什么要费事多办一个推演会？虽然对案件办理有好处，但客户又没多给费用，又不一定知道我办了推演会，有这精力不如再去多接两个案子。

其实反过来想，如果你办了推演会并让客户知道，是不是也可以提高竞争力，增强客户信任，甚至提高收

费呢？

2. 专业过于自信

文无第一，武无第二。作为有文科生属性的律师，特别是一些有经验的律师，对于案件都是极度自信的，他的答案就是终极答案，他的方案就是最佳方案，没有必要去办什么推演会去听别人的意见。

但疑难案件又是一个没有标准答案的事情，兼听则明，偏听则暗，你多一种方案和观点，就多一份自信和底气，对客户也多一份责任和价值。

3. 很难找到匹配的人

找新入行的律师讨论，不知道是他给你推演还是你在指导他；找资深律师讨论，付费也不好，不付费也不合适；找熟悉的律师聊，没几个做你这个业务；找不熟悉的律师聊，难开口不说，又不太知道专业水平如何。最后只能碰碰运气看能抓到谁、遇到谁就赶紧问两个不成体系的问题了。

律师缺少沟通、交流、专业的展示平台，是律所建设的一大缺失，也是律师行业向来单打独斗发展的必然结果。

二、推演会/模拟庭审的区别和作用

首先要明确的是,办推演会/模拟庭审不能有任何表演的成分,真心想把问题研究透,真诚地想把自己的方案和思路贡献给大家,才能让这两种活动有价值。

1. 两种活动的区别

推演会是在案件形成确定方案前的群策群力,收集、整合大家的意见和观点,形成一套最终的方案。模拟庭审是已经有确定的诉讼方案或者已经立案,就这套方案交由大家,以法官或仲裁员的角度进行提问或质疑,来初步判断这套方案是否可行。

简单来说,两种活动的区别是一个还没有形成方案,一个已经有方案了。

2. 两种活动的作用

推演会的主要作用在于:丰富方案选择。一个人的方案和思路总是有限的,特别是自己接触比较少的案件,总怕自己想得不够多、不够全,那么,请有相关经验的律师来谈谈他们的方案和思路,不论是大方向上还是细节上,一定会有所启发。就算大家的方案和思路差不多,也至少可以让自己更有信心和底气,自己原来的方案并没有什么大问题和纰漏。

模拟庭审的主要作用在于:完善庭审表达。一名律师,特别是新入行律师单独在庭审中发言的机会还是比较少的,如果能真心诚意、真刀实枪,在正式庭审前接受一波大家的"拷问",庭审的经验值一定会飞速增加。而且在不同人的视角中,你已经确定的方案真的有可能还需要在某些方向进行补强,才能取得更好的结果。就算你已经想得非常完善了,能提前过一遍提升一下熟练度,对庭审的表现也是大有帮助的。

3. 两种活动的基本配置

推演会的基本配置是:一到两名方案人,和一到十名方案补刀人,来对方案进行补强或补刀。

模拟庭审的基本配置是:一名案件代理人,和一到十名人员充当法官或仲裁员角色,来就案件进行发问。

由于两种活动都不是表演导向,所以人多有人多的办法,人少有人少的效果,但关键是大家都要真诚、真实。

三、为什么要做案例检索报告?

案例检索是每个律师,特别是诉讼律师办理案件时的基本操作,但做一份案例检索报告,到底有什么作用呢?

1. 启发更深层的思考

口说容易,动笔难。写作会让你的思维更加严谨,思考得也会更多。在更多更严谨的思考下,对案例的理解当然也会更深,甚至会出现一个案例引导一个案例、一个问题接着一个问题这样停不下来的情况,直到把这个系列问题的底层逻辑全部想透。

虽然这样可能远远超过了本案直接需求的精准争议问题,但当把这个系列问题的体系框架建立起来后,再回归到个案,就是降维打击。

2. 积累可分享的知识成果

一个细分领域的核心争议问题就那么多,想在律师行业毕业,必须把这个细分领域的核心问题全部弄懂、弄通、弄透,而案例检索报告就是不断倒逼自己精进的工具,别在一个领域做了好些年,在讨论起法律问题时还是只能给些只言片语、似是而非的结论。

而且你这个领域的案例检索报告做得好,分享出去,也可以帮你在同行中,建立起让人记得住的标签,远比一张名片、一段自我介绍更好记。

3. 可适用的场景广泛

案例检索报告除了在团队内部可以对个案进行启发、验证、完善解决方案和做好知识管理及传承之外,在团队外部,还可以协助在签约前和签约后取得客户信任,以及在庭审时帮助法官把握裁判思路等场景中都有不小的作用。

四、如何做一份案例检索报告

一份案例检索报告的关键就是找个某类案件中能影响争议结果的主要变量,要达到这个目的的案例检索报告大致可以分为以下五步:

第一步:找到"一个"需要研究的问题

看似废话,但很多案例检索报告都有这个问题:一个问题都没研究透彻，就开始延伸其他问题了。看似属于同一个系列的问题，其实每个问题都有自己独立的逻辑。最后导致得出的结论现于表面，或者似是而非。

第二步：找到一个"完美"的案例

有"一个"需要研究的问题了，就要找到这个问题最"完美"的案例。即在要素完备且没有任何介入因素的情况下，就应该这么判。以民间借贷案件来打个比方（仅做比方用，与实际情况会有偏差），最"完美"的案例应该是有借款合同、有转账流水、有合理资金来源、有正常借款用途。那么这四个要素都满足的情况下A＋B＋C＋D=原告胜诉。

如果一个案件有两种不同的主流认定方向，则需要两个"完美"案例，再同时按下述步骤进行检索。

第三步：找到控制住"变量"的案例

比如一个"完美"案例是A＋B＋C＋D=原告胜诉，那下一步应该找的案例，应该是少了其中一个要素或者两个要素时，判决结果是否会发生变化。如果在BCD要素不变的情况下，缺少了A要素还是原告胜诉，那暂时可以得出结论：A要素不是决定性因素；反之，则A是决定性要素。

很多案例检索报告不控制变量，列举一些ABCD四个要素同时变化的案例，那就不可能得出稳定的结论，只可能产生更大的分歧：你说A要素重要，我说B要素更重要。

第四步：找到有"替代"要素的案例

虽然缺少了A要素原告一定会败诉，但如果有可替代的要素介入形成A＋B＋C＋D=X＋B＋C＋D=原告胜诉，那么可以暂时得出结论：A的表现形式可以是X，或者可以用X要素替代。

第五步：找到反向介入因素案例

虽然我们已经有了A＋B＋C＋D=X＋B＋C＋D=原告胜诉的案例，但逻辑上仍不完备，即有没有一种情况，即使这四要素都存在也败诉呢？同样用公式来表达就是A＋B＋C＋D＋N=原告败诉，这个N要素就是反向介入因素。

当然这个N要素同样需要经过第二、第三、第四步的验证才能确定，即找到N要素介入的"完美"反向案例、控制住了其他变量，并且审查了N要素的"替代"形式。

做到这五步，一个相对完备的案例检索才算完成。当然，案例不会像数学题目一样把每个要素都明显标记出来，而是需要靠自己去验证猜想、提炼总结、化繁成简。

五、做一份案例检索报告的误区

除了在《律师研究案例的误区》一文中提到的误区之外,在做一份案例检索报告的过程中,还存在以下误区:

1. 案例检索报告做成案例统计报告

宏观上一类案件的综合胜诉率对一个个案有多大帮助呢?80%的类似案件都支持,这个案件就一定会被支持吗?60%的类似案件都不支持,这个案件就一定输吗?况且很多案件表面看似一样,其实内在要素完全不一样,而案例统计报告又是只看结果不看关键要素,导致这个除了用来管理客户预期外,对案件本身几乎没有什么实质性的帮助。

案例检索报告做成案例统计报告其实是一种偷懒的行为,是一种只付出体力劳动而逃避脑力劳动的偷懒。

2. 案例检索报告就真只是检索一下

很多检索报告就停留在检索阶段,主要罗列一下法官观点,甚至只找支持或不支持自己观点的法官观点,没有案件要素的提取,也没有对比、分析和总结。

其实，案例检索报告最有价值的部分是某类案件要素提取后对比、分析和总结，好的检索报告你甚至直接可以看总结部分就可以了，当你需求这个总结的逻辑和论据时，再接着往下看。

如果做不到这个效果，案例检索报告不做也罢。

六、做好案件焦点可视化的原则

一个疑难案件，必然有大量错综复杂的法律关系和创新多变的交易结构，再加上散落在各个环节的关键证据，大多无法用单一的、偏串联的文字表述达到效果，所以将案件可视化（图表化、视频演示等）就非常必要了。

一个优秀的案件焦点可视化材料，应该遵循以下原则。

原则一：每一个焦点问题都应当可视化

一个案件不一定只有一个可视化材料，如果每个争议焦点是独立的、内在关联不大，当然且必须将各个争议焦点各自可视化。不仅争议焦点可以分开展示，其他对案件有帮助的信息，比如案件时间轴、人物关系变化、公司关键沿革、资金流向、交易结构等都可以分开展示。

误区1：为了用一张纸展示完，把所有的问题放在一个可视化材料上，不仅没有凸显可视化的作用，还加大了案件的理解难度。如果是要合并或者本身就有强关联的焦点问题，那就需要通过设计和重构，高效地体现在一个可视化图上。

误区2：对本案没有任何信息量的问题也独立做可视化材料。这样做为了自己理解案件当然没问题，但就不用提交合议庭加重法官的案件消化成本了。

原则二：能帮助快速回忆案件焦点问题

一个案件焦点问题可视化后，相较文字表述，必须提高对案件的理解效率，既让法官可以迅速地知道本案的核心争议焦点是什么，也可以让当事人或者代理律师在日后迅速地回忆起这个案件。

误区1：没有高度概括、精简和筛选最有效信息，没有用可视化减少文字的阅读量。

误区2：仅是文字内容机械式地图表化，没有按照最优的逻辑设计重组，仍无法精准传递最有效的信息。

原则三：能够在客观的可视化中隐藏主观意见

案件可视化是为了提高合议庭理解效率，但更是为了展示你的观点，而你的观点必须是代表一方当事人利益的主观意见。所以优秀的可视化材料必须让法官在不会明显感觉到你有主观偏向的情况下,接受你的主观意见。

误区1:故意漏掉不利信息,让可视化材料不完整。

误区2:为了达到主观目的,使可视化材料有明显逻辑错误。

案件焦点可视化图是"三位一体"中最难的部分,对案件理解、逻辑梳理和抽象概括能力都有一定的要求。只有在大量复杂案件的实践中,才能逐渐掌握和提升这一技能。

律师和判决

一、诉讼律师唯一的法律产品：判决文书

法律产品的三要素：有市场需求、可复制、有一定的专业壁垒。

没有市场需求，产品本身再好也没有意义。

不可复制，产品就不能称之为产品。产品脱离不了人身属性，就必然无法复制。

没有专业壁垒，产品就没有溢价，也很容易被替代。

大多数律师设计的法律产品，归根到底还是要人去干，只是其中的某部分用管理去替代，人身属性依然不能完全脱离，无法完全、大量复制。其实根本无法称其为"产品"，最多是"产品化思维"。

而另外一些法律产品，比如合同模板、起诉状和其他文书模板，由于专业壁垒太低，因此很容易被替代，无法支撑产品溢价。

而判决，是一个被忽视的、有潜力的优质法律产品。

需求端：不管做什么业务，每个律师和法律相关从业

者都离不开案例检索，这也是为什么案例准备不上网公开后，很多人都在提意见。

可复制：和其他文书一样，一个判决形成了，就天然地有可复制的物理属性。

专业壁垒：一个判决，凝结了法官与律师的所有智慧和经验。但有些判决说理不充分，公开信息量较低，存在明显缺点，需要律师通过自己的亲身代理经验，补齐该部分信息量，让判决有充分的溢价，再通过律师团队和律师事务所的整合，让量变形成质变。

甚至案例不公开都会成为判决文书的壁垒和溢价原因。可以试想，当一名律师、一个律师团队或者一家律所有成百上千，甚至上万个高质量的优秀判决书文书，他会在法律市场上获得多大的竞争力，特别是在AI发展迅猛的当下，有优秀语料库的支撑，必然成为法律AI这个赛道的领跑者。

让判决文书成为律师的法律产品，最好的时机是十年前，其次是现在。

二、如果判决书有律师认为……

拿到一份判决书，大部分非当事人是直接拉到"本院认为"部分开始阅读，因为不管前面说什么，"本院认为"才是最重要的。好的裁判说理，会得到赞许，不好的甚至完全没有说理的，会被吐槽。

那如果一份判决除了有"本院认为"外，还有双方"代理律师认为"呢？先说下前提，"双方律师认为"和答辩意见、代理词不同的是：

围绕核心争议焦点展开说理，而不是对抗。就像"本院认为"是对本案的综合看法，而并非逐一驳斥双方意见。

高度概括。一个争议焦点的案件，"本院认为"很少会超过500字，而一个普通案件一般就一个争议焦点。

如果能在满足前提的情况下，判决书有"律师认为"，可能会有以下效果：

倒逼律师专业能力的精进。以前律师在庭上说的话一般人看不到也没空看，现在和判决书写在一起，会和判决的意见一样，接受社会的监督和考验。也倒逼律师的概括表达能力，而不是有话都说，乱枪打鸟。

让律师的专业水平更为"显性",而非只"唯结果"论。只有律师的专业水平可以,至少部分可以被"看到",才可能推进行业的进步。

减轻合议庭说理工作。在一方论述充分合理时,合议庭可以直接引用采纳,在一方论述不合理时,合议庭也可以有针对性地说理,甚至都不用说理(大家一看就知道这方说得毫无道理),减少说理工作量。

有了"双方律师认为",会让判决书的内容更为立体,信息量更为充分,也会对判决的指导性和学习性都有极大的提升。

公开观点,才能对自己的观点负责,而没有什么比"在判决书上记录律师的观点"更能体现这个原则。

律师和讲座

一、好的讲座应该是问答式

传统讲座形式的问题:

1. 讲者无法了解每一个人的知识储备和具体情况,只能按自己的理解讲,容易自说自话,有效信息传递率低。

2. 只有讲者有发言权,听众无法挑战和质疑,不仅讲者无法提升,更由于"话语权"的集中,容易形成讲者的"自吹自擂",有很重的"打广告"味道。

3. 由于没有"交流感"的引导,听众不是因为有问题而去,而是因为讲者的个人声望和职务背书等形式化的"想象"而去,容易搞成"粉丝见面会"。但更多是失望而归,参加这类活动的积极性下降。

以问题为导向的新型讲座形式设想:

1. 讲者只用讲一个问题的框架问题或一些问题中的某个问题,控制在30~45分钟内,不仅讲者备课的成本下降,而且输出的也是提炼和浓缩后的精华。

2. 给听众一个关键词,比如主题是讲新公司法,关键词可以给"小微公司""公司签合同""公司减资",在其中任选一个关键词,只要沾边就可以问。提问时间大于或等于讲者个人的独讲时间。

3. 有问题的听众优先报名。会提问的听众才是讲座的关键。

4. 除主讲者回答外,可以配两个补充回答的讲者,不用做主题分享,只用补充回答听众问题,也可以直接发问主讲者。

其实,不论是讲座也好,直播也罢,关键点是能否形成交流,否则和自己在家看书、看视频又有什么区别?而交流的核心就是:讲者要让听众提问题。

会提问题的听众才是好听众。没问题等于没听懂,也约等于对这个话题没有任何积累和认知。如果只靠听讲座积累知识,那一定是低效的,不如等有了一定积累再去听、再去问,才会更有收获。

而能答问题的讲者才是真讲者。答不上问题等于自己都没研究透这个主题,那下次还是换个主题讲吧!

二、如何听好一场法律讲座

听内容,应该是去听一场法律讲座的核心目的。那怎么听内容呢?

一是听"点":这个点不是知识点,而是观点、亮点、特点。

很多律师听讲座,不是觉得"太深",就是觉得"太浅",这是典型的学生心态,认为讲者应该以你的能力和认知标准,量身为你打造一场讲座。这不现实,也有些天真,因为讲者不知道你什么水平,而且现场听众也不可能都是和你完全一样的水平。

真正的学习是某种信息激发了你的兴趣,让你有动力去深入、扩展甚至去反驳这个信息。而这些信息大多是以"点"的形式出现的,越是听内容的高手,越能抓到这些点。

二是听"线",这个线是指逻辑线。

一场讲座,一定是由一两个逻辑串联而成。如果你抓不住这条线,就会觉得不知所云、七零八落。这对讲者有一定要求,也需要听者有空杯心态。需要听者进入讲者的逻辑,去看他的逻辑是否能跑通,而不是"非我逻辑,一概不听"。

这个时候,最怕也最容易出现抬杠的人:都还没有听懂讲者的逻辑,就要开始反驳他的逻辑。

三是听"面",这个面是指体系。

一条逻辑线只能解决单一的问题,多条逻辑线相互交叉且自洽,才能形成完整体系。因为一场讲座一般只有一两条逻辑主线,其他逻辑支线可能只是带到,如果你想学习到这个讲者完整的体系,必须进行提问、交流或者再去研究这位讲者的其他讲座或著作才能充分了解。

当然,一场讲座能窥到这个讲者体系的冰山一角,也就算是不虚此行了。

在听内容上,还可以尝试以下步骤:

第一步:讲者在讲一个什么问题?

第二步:这个问题是用什么已知的信息得出的?这个已知的信息是否有争议?这个推论是否有瑕疵?

第三步:整个过程有没有在用新概念去解释新概念?是否存在大量不必要的高级、复杂词汇?是否存在没有必要的重复?

另外,讲座上除了听讲者的内容外,还可以看讲者的演说风格。

即便这场讲座的内容你完全不感兴趣,一个"点"都没有抓到,也可以看看这位讲者的风格如何:他是如何开头、串联、结尾一个章节的?他是什么时候用什么方式和听众互动的？他的肢体表达如何？也可以反思，如果是你来讲这个内容，如何在内容不变的情况下表现得更好，诸如此类。

有开放学习、多元兼容的心态，是听一场有效讲座的必要条件。

三、为什么大部分律师的讲座都很无聊？

一场无聊的讲座，有一个充分但不必要的判断指标：留存率。指活动结束时在场的听众数量和活动开始时的听众数量之比。留存率越低的，大概率是越无聊的。

据不完全统计，大部分律师讲座的留存率，除去发言嘉宾各自团队的人员外，普遍低于50%。当下办一场律师讲座，大多会是"律师吃力不讨好、听众遭了罪、活动方也没达到预期效果"的三输局面。

那为什么大部分的律师讲座真的会很无聊呢？

1. "广味浓" + "人味淡"

"广味浓"：大部分律师与其说是在办讲座，不如说是在"直播带货"，广告的味道过于浓厚，不是说自己有多厉害，就是说别人说自己有多厉害。整场下来，想让听众记住的观点就是"我很厉害，有相关问题来找我"。广告型讲座由于过于常见，大家有些审美疲劳，是留存率最低的讲座类型。

"人味淡"：大部分律师已经习惯了法律语言的表达方式，讲座也像在念答辩状，和听众非常有距离感。也没有什么个人特色，导致听众缺少对律师本身的记忆点。

也有部分律师为了营造出自己"很厉害"的样子，故意拿出专家、大咖的腔调，让听众更是觉得老派和油腻，拍几张照片再逃离已经是最大的尊重。

2. 没有观点＋老生常谈

讲座的目的是要高效地传递有效信息量，而大多数律师的讲座信息密度偏低，听两个小时不如自己研究二十分钟。主要原因之一是很多律师没有自己的观点，大多是翻译和传递法官、学者的观点。或者仍只是个人、个案的经验，没有抽象总结成规律，也不具备普适性。当故事听个热闹还可以，但是讲故事的技巧和储备也不是每个律师都具备的。

没有独特视角的观点也容易导致老生常谈，很多法律问题，都早已不是新问题，随便检索一下都是数以百计的相关文章，讲不出什么新意来。有些律师想讲反例特例，出于各种原因，又不能把案件真正的细节展示出来，只能话中有话,遮遮掩掩,又被动地演化成了"你想做出反例就找我合作"的广告式讲座。

3. 没有打磨+不够真诚

很多律师都觉得自己很能说,出庭就能辩,上台就能讲,随便给一个题目就能"展开说说"。但其实会说,不一定能说好讲座。特别是好的讲座,绝不是随便就能说的。很多讲座主讲律师的准备都不超过三个小时,甚至PPT都是助理做的,提前一天,半小时过一遍就上了。如果准备的时间不够充分,除了少数天赋异禀的演说型律师外,完全可以预期这场讲座的上限会在哪里。

如果说有些律师是过于自信,没有好好打磨,才没能把自己掌握的信息量传递出去,那么确实还有部分律师,就是不够真诚,并不想把真正好的信息点分享出来。让听众觉得他其实是有"货"的,但他就是不讲,或者没讲到位,那观众最后也只能乘兴而来,败兴而归。

所以如果不想办一场无聊的讲座,按照以上各点反向操作就好了。

四、讲座上的"干货综合征"

不去听点什么讲座,感觉自己专业不精,心里发虚,令人焦虑。好不容易安排时间去听讲座,又感觉没啥"干货",哈欠连天,令人后悔。或是碰到一个感觉"干货"满满的讲座,奋笔疾书、现场录音,想把讲者的每一个字都吞到肚里,记在心上,差点没被自己的"勤奋"感动坏了,然后一周内忘得精光,好似无事发生,令人无奈。如此循环,可称为"干货综合征"。

各种讲座参加得越来越多,知识付费平台也没少贡献,可心中那焦虑—后悔—无奈的循环模式好像无法破解,所以到底是自己不够努力,还是"干货有毒"?这就需要好好把"干货"和"干货思想"讨论一下。

1. 什么是"干货"

通常理解,"干货"是实用性比较强的方法和技巧,最好是拿起就可以用的。但这样的"干货"理解存在几个问题。

一是实际情况比理论知识变量多。特别是在法律实践中,几乎没有A+B=C这样干脆的公式能直接告诉你遇到一个什么情况，就用什么方法，怎么处理。能直接讲出来的操作方法大多是去繁就简、抓大放小的，不听底层逻辑和推演方法，只记住单一的结论无异于买椟还珠，与听"干货"的初衷大相径庭。

二是讲者和听众之间的信息差。一个你觉得没啥意义、陈词滥调的信息，可能对新入行的律师非常有帮助；一个你完全没听懂、虚头巴脑的理论，可能对针对相关问题早有思考的人大有启发。每个人信息量大小的不同，使得什么是"干货"成了一个因人而异的主观判断。

三是错误地认为只有与专业相关的知识才是"干货"。其实每一个优秀的律师都不只用法律一种思维来解决问题，这种单一思维也解决不了太多问题，正如前文所述"律师的价值，是他一切经历的总和"，某些看起来没有用的知识和经验，会在你无法预期的地方派上用场。所以对"干货"的定义应该远远大于专业知识、专业问题的范畴。

工作是具体的，但思维是抽象的，与其储存一个个从抽象到具体的固定路径，不如掌握一种从抽象演绎到具体实践的方法来得更有效率。所以，能归纳到一定高度，并可以根据具体情况，运用到相应领域中，达到处理一种或多种问题目标的方法和理念，才是真正的"干货"。

相较之下，零散的、未经归纳的单一路径，只能叫作信息或者个人经验。

2. "干货综合征"的背后是什么?

虚。每天除去扫描复印、跑腿应酬、打电话收快递,留给自己耕耘专业知识那三分"薄田"的时间确实不多了,还要靠这"薄田"养家糊口、安身立命,必然让人感觉没有底气,心里发虚,所以扯着几袋"干货"往田里猛倒,也是无奈之举。

急。一虚就让人浮躁,急于找到救命的稻草,但在没有思考的情况下,这稻草往往成了最后压死骆驼的那根,让人疲于奔命、心力交瘁,只能更加拼命地找稻草,把自己塞得满满当当,麻木得无法思考,颇有几分"只要我跑得够快,问题就追不上我"的味道。

懒。人天生是"懒"的,用最少的能量活下去是生物的生存本能,也是现代社会中被人利用的缺点,加上人总是对未知的事物感到恐惧,偏爱确定的指示和结论,导致当很多骗子和傻子坚决地告诉你问题只有一个标准答案的时候,你也甘之如饴。

"虚""急""懒"导致患"干货综合征"的"病友们"天天吵着要吃"干货",把大家的差距归于吃"干货"数量的多寡,但其实"汝之蜜糖,彼之砒霜"的事并不少见。与其吃看起来大家都在吃的"干货",不如静下心来观察一下自己的"身体状况",发觉一下自己的"消化系统",定制一套适合自己的"营养食谱",弄清楚什么才是自己需要的"干货"。

第四章

律师和案源

利他和利己

本着利人利己的心态,因为人性、信息差、优先级的原因,大多会走向损人利己。

只有各方都是损己利人的心态,才可能走向多赢。

案源从何而来?

一、为什么"案源为王"?

案源,又叫案件来源,是律师开展业务的起点,其重要性不言而喻,但案源在律师行业上升到"为王"的重要程度,一定有行业特点所带来的原因。

1. 律师事务所功能缺失

传统律所只能提供后台服务:行政、管理、场地,前、中台(对外营销和内部资源整合)服务较弱,而且律所本身品牌和竞争力目前尚无法自发地吸引优质案源,只能靠律师个人能力去开拓市场。

想想同为专业导向型行业,为什么医生不需要开拓患者?律师却需要开拓客户?

律师事务所功能缺失,也是很多案源平台得以发展的原因之一。

2. 律师行业营销能力稀缺，而专业能力不稀缺

虽然有10分专业能力的律师难找，但有5分专业能力的律师远比有5分营销能力的律师要多得多。

所以案源型律师有一个只需要5分专业能力以下的律师就可以处理的案件，他的选择太多，当然可以实现个人利益最大化，相对同能力级别的专业型律师，一定会形成各方面的优势地位。

3. 专业型律师成长周期长

"三五八定律"决定了律师行业是一个晚熟且传统的行业，专业水平只能靠个人努力和时间去打磨。所以在成熟之前，专业型律师对直接客户和间接客户（案源律师）都没有议价能力。

而案源型律师在天赋和资源的支持下，完全可以弹射起步，领先专业型律师不止一个身位。

多重因素共同影响下，现阶段案源的重要性、案源律师的优势地位，都不言而喻。但这个现状是理所当然的吗？是否存在改进和调整的空间？这是新一代律师值得思考的问题。

二、优质案源从何而来？

对大部分律师而言，优质案源的主要特征是"双高"：客户信任度高，客户付费意愿高。那优质案源主要会从哪里来呢？

1. 圈层

圈层越优，案源质量越优。

但好的圈层，除了先天自带——好家庭；早年努力——好学校；机缘巧合——遇贵人之外，只有一种是当下可用人力而为之的，就是提升自己的能力和认知。

所谓"圈层不同，不必强融"，在能力和认知不匹配的情况下，就算机会出现也难以融入。

2. 培养

每个人能力和认知的成长需要时间，律师也是，客户也是，不要总是奢望有贵人马上出现带你飞，你也可以和客户相互成为对方的贵人，相互成就、共同成长。

千里马常有，而伯乐不常有。与其等待伯乐，不如成为伯乐。

3. 律师

大部分的优质案源一定是集中在律师手上,而不是散落在"民间"。因为优质案源要求客户信任度高、客户付费意愿高,而在萍水相逢的"民间"客户中,信任度不可能一开始就拉得上来(没有信任度的付费意愿也不会高到哪里去),只有已经有律师和某个客户通过长期合作后,才可能建立信任。而正因为这份信任,这位律师才会更加重视解决好客户问题,从而寻求其他律师合作。

你需要做的是:你有能力解决这个问题,并让其他律师知道你能解决这个问题。

表1 一图看明白——案源来自哪里?

案件来源	直接客户	个人客户	普通个人	亲朋好友、社区、兴趣社群、校友会、同乡会、互联网、自媒体
			高净值个人	高端兴趣班、培训班、高端小区、私人银行客户
		企业客户	大中企业:行业协会/商会、法务聚集平台、产业园区/经济开发区、MBA/EMBA	
			中小企业:中介服务机构、共享办公室/孵化器、MBA/EMBA	
		政府机构		
	间接客户(律师同行)	律所、其他团队		
		律师协会、专业委员会		
		律师平台、交流活动		

三、开拓案源有哪些误区?

1. 不重视同行案源

律师的专业很细分,不仅是隔行如隔山,隔专业也如隔山。即便在同一专业领域,每个律师的案件饱和度不一样,对性价比的标准不一样,使得很多案件必须用合作方式承接。所以新入行律师在苦恼无法接触外部案源时,不如多向内看看。

这就要从进入律师行业的第一天起,就注意自己的专业形象,展示自己的专业能力和人品,在所里多参加活动,多发表专业文章,多帮人解决问题,或许他们才是你最大的潜在客户。

特别是和你朝夕相处的带教律师、团队负责人,你能展示的机会最多,每天的言谈举止,大小问题的沟通都能给大家建立对你专业能力的信任。如果连你的团队内部[①]有案源外溢的时候都不找你合作,那就要多找下自己的原因了。

---

① 此处指"松散型团队"和"紧密型团队"内部,二者定义详见本书第三篇第一章第四节《律师行业用词的定义:团队》。

2. 不喜欢给自己贴标签

很多律师怕被标签化限制，怕影响案源的广度，但要知道先得被记住才能有广度。

你说你是一名婚姻家事律师，肯定比你只说是一名律师让人多一个记忆点；你说你是一名只做有财产需要分割离婚案件的律师，肯定比说是婚姻家事律师的印象更深一点；你说你是只做有一千万元以上财产要分割的离婚律师，又比刚才那个标签更让人有想交流的欲望。

针对不同的客户群体，你当然可以放开思维创造标签，比如"网球打得很好的律师""上过电视节目的律师""出过很多书的律师"都可以，不要担心这些标签和专业离得太远，让客户先记住才是最关键的。

当然，你也不能完全虚构一个标签，特别是对一个专业领域完全没有研究的情况下，号称自己是那个专业的专家，这不仅是对客户不负责，也是对自己不负责，人设"塌房"，对律师的职业生涯的负面影响是不可挽回的。

3. 不愿意尝新

律师的职业特性就是风险偏好很保守，这很正常，特别是资深律师，不愿意尝新就更正常。毕竟他们手里已经掌握了一些传统的业务资源，一是没有精力再分神去研究新行业的特点和法律问题，二是就性价比来说，新行业还需要培养的客户远没有已经成熟的老客户性价比高。使得传统业务资源相对稳定的资深律师会固守自己的疆土,也会让新入行律师更难开拓传统案源。

一个售票窗口排着很长的队,当开放另一个窗口时,一定是排这个队伍靠后的人先换队列。所以,对新入行的律师而言,在新行业、新方式上尝新,远比在传统行业和方式上搞"弯道超车""内卷"来得更有性价比。

在充满不确定性的律师行业,避开误区,就等于走上正确的道路。

四、案源开拓的有效曝光和无效曝光

所有行业的商业逻辑都可以套用这个公式:营收=流量(曝光度)×转化率(复购率)×客单价,律师行业也不例外。

流量为王,好酒也怕巷子深。没有曝光度,转化率和客单价就无从谈起。但曝光也需要传递有效信息量,才能提高转化率和客单价。

1. 减少错配曝光，避免乱枪打鸟

律师的案源主要来自两个方面：

直接案源，也叫直接客户，即直接需求法律服务并付费的客户。间接案源，也叫间接客户，即律师。包括律师介绍和律师合作办案。大多数直接客户看不懂律师专业，律师展示大量专业信息的错配曝光其实会让人有距离感。而间接客户最怕你专业不足，影响了直接客户对他们的信任。发太多与专业无关的错配曝光又无法让他们判断你的专业水平。

所以，直接客户应当提供信任基础的曝光，包括专业的形象、社会荣誉的背书、共同爱好、相同经历等。间接客户应当提供专业支撑的曝光，包括有深度的法律观点输出、不同的业务领域业绩、同行律师的评价等。

2. 减少同质曝光，以免事倍功半

不论你定位的是直接客户还是间接客户，比其他律师更容易让客户记住的都是第一个这么做的律师。

第一个发客户接待、胜诉判决、团队照片的律师可能会有客户记住，第二个、第三个、第四个呢？第一个写直播电商、数据合规、加密货币文章的律师可能会有律师记得，第二个、第三个、第四个呢？

简单的曝光，很难不同质，简单的重复曝光，就是内卷的开始，找到自己的特色和擅长，有针对性、有创造力地提供曝光信息，做到更深、更精、更广、更高，才是真正的差异化。

3. 避免无效曝光，以免适得其反

有效和无效的标准，取决于你针对什么样的客户。或者说，你曝光什么样的信息，可能就会吸引什么样的客户。

发自拍的，自然吸引慕美而来的；发爱好的，大多吸引爱好相同的；发带娃的，对妈妈和准妈妈最有吸引力。

你确定你的客户是有这些标签的，那对你而言就是有效曝光；反之，就是无效曝光，甚至有副作用的曝光。

无针对性的日常生活发起来最容易，但有效信息量也是最少的。实在想发的话，记得分组可见。

五、律师经纪人是否可行？

可以先对照艺人经纪人的工作内容看一下，艺人经纪人的主要工作内容包括：

职业发展规划：艺人经纪人负责制订和执行艺人的职业

发展规划。他们根据艺人的才华和潜力，提供建议和指导，帮助艺人选择适合的项目和机会，实现长期职业发展目标。

建立人际关系：艺人经纪人在行业中建立并维护广泛的人际关系网络。他们与媒体、制片方、演出场馆、品牌合作伙伴等合作，并与其他艺人经纪人进行联系和洽谈，以为艺人提供更多的工作机会和合作项目。

推广和市场营销：艺人经纪人负责制定与执行推广市场营销战略，以提高艺人的知名度和曝光率。这可能包括安排媒体采访、制作宣传资料、协调社交媒体活动、参与活动和事件等。

策划和谈判合同：艺人经纪人与艺人及相关方合作，策划艺人的演艺活动和项目。他们负责与演艺公司、品牌、广告代理商等进行合同谈判，并确保艺人获得公平和有利的合同条件。

行程和日程安排：艺人经纪人负责规划与安排艺人的行程和工作安排，包括演出、电视节目录制、活动参与等。他们需要与各方沟通协调，确保艺人按时到达并履行合约义务。

财务管理：艺人经纪人负责艺人的财务管理，包括预算编制、费用报销、收入结算等方面的监督和协调。他们需要与会计师、律师和财务团队紧密合作，确保艺人的财务事务透明、合规和有效。

是不是只要把"艺人"换成"律师"，上面每个工作内容都直接击中了律师的痛点？

其实律师经纪人这种形式的某些功能也已经存在，只是尚未形成体系或者单独成为一个职业，比如说团队中的案源律师、大合伙人，中小所的主任、高伙，会建立人际关系、做推广和营销，然后把自己开拓的案件通过某种形式介绍给其他律师去做。香港律师行业中的"师爷"，也可以理解为律师经纪人的一种形态。

律师，特别是纯专业型律师获得案源的能力差、效率低是普遍状况。在"专业的事交给专业的人"的逻辑下，以始为终地看，律师经纪人是否会成为一个新的、单独的职业呢？

新入行律师开拓案源的主要障碍

一、新入行律师开拓案源的主要障碍

1. 懒

懒得思考。懒得思考的人都很勤于找理由：我很内向、不知道找谁、不喜欢应酬等。

你很内向，能不能用其他方式增加曝光？写文章行不行，录音频行不行？

不知道找谁，你身边的人都找过了吗？你的同学知道你是律师吗？你的好朋友信任你吗？你和带教、团队负责人谈过吗？他们会给你介绍案件吗？

所有的律师都是靠应酬接案的吗？有没有想过不用应酬的客户在哪里呢？用什么方式吸引不用应酬的客户呢？

用找理由的时间想想自己有什么优势，总会找到至少一点点和别人不一样的地方，然后放大它，自然会有答案。

懒得行动。不论是地推、讲座、写书、参加社会活动、新媒体平台营销，底层逻辑都是增加曝光，而不行动起来，除非你是天选之子，否则曝光量不可能从天而降。

你每个月认识多少新人？有没有适当地展现自己？

你每个月写多少篇文章？有没有输出有价值的观点？

你每个月参加多少场讲座？有没有抓住机会发言？

想靠一个律师证就能躺着把钱挣了？是不是有点天真了？

律师不是打工逻辑——被动接受，而是创业逻辑——主动寻找。主动寻找方向、主动寻找定位、主动寻找曝光、主动寻找自己对律师的定义。

2. 急

急着拿证、急着独立、急着赚大钱。

没有专业能力，你拿证和不拿证有什么区别？

没有营销能力和专业能力，你一独立，案源就会自己来？

没有对行业的认识和经验的积累，你就想用5年就把别人30年的钱赚完？

律师不是能赚大钱、赚快钱的行业，不认清这点，急来急去只能把自己整焦虑。没有专业支撑，你赚的钱也不过是披着律师外套的资源变现。而没有资源可以变现的你，就更加焦虑。

律师行业是实践性、经验性的行业，需要时间积累，不认清这点，很难内心平和，行稳致远。

由于懒和急，又影响了心态，总盯着少部分的幸存者，认为人家的成功是普遍的、轻松的、可复制的，然后想找个捷径求个秘方，随随便便就成为别人眼中的律政精英。

结果就是：好高骛远，想多做少。内耗过大，举步维艰。

二、新入行律师开拓案源的底层逻辑

所有案件来源就两大类：

1. 直接案源：也就是直接付费的客户所形成的案源，包括客户转介绍客户、中介平台介绍。

2. 间接案源：也就是律师同行带来的案源，包括律师介绍和律师合作办案。

如果一名新入行律师的案件大部分都是直接案源且收入不错，有三种可能：

1. 你的资源人脉很强。未来可向案源型律师发展。

2. 案件已经饱和，拒绝了同行介绍的案源。

3. 你的专业能力很弱。至少没人知道你的专业能力强不强，所以没有同行案源。

而作为大多数新入行律师而言,是没有太多资源人脉带来直接案源,并且案件也是不饱和的,所以大多是想用或者说被迫必须用自己的专业吃饭。

又因为:

1. 一定有客户是你无法触及的:因为圈层、认知、调性、三观不同;

2. 一定有律师的案源是外溢的:因为太多做不了或者太难、太简单不想做。

那么,想成为专业型的新入行律师,第一大案源应当是来自律师同行——只有同行才可能知道你专不专业。

所以:

专业型律师应当把同行作为主要营销对象,把传统地推、写文章(出书)、办讲座的律师营销三大件,变为定点私下交流(输出专业观点和表达逻辑)、多写专业文章(出书)、在律师活动中分享专业观点的专业型营销方式。

不论是案源型律师还是专业型律师,你一定要在你的定位的人群中"跑出来",让他们第一个想到的就是你,而增加曝光频率和输出独特观点是不二法门。

总结:

如果新入行律师案源不饱和,要么是因为懒(没有"跑出来"),要么是因为专业太弱。或者,二者兼有。

建议:

1. 结合你的天赋所在定位人群,选择成为直接面向客户的案源型律师,还是面向律师同行的专业型律师。

2. 在你定位的人群中"跑出来",让你的客户先想起你。增加曝光频率和输出独特观点是基本要求,懒和没特色是拿不到案源机会的。

3. 提升专业能力。大部分新入行律师的主要案源一定是来自律师同行,而你是否有一定的专业度是律师同行是否愿意和你合作的关键。

4. 要理解:什么样的人就吸引什么样的客户,每个人都有自己的能力圈,不要试图独力拿下所有客户,合作才能共赢。

三、律师有没有必要做营销?

1. 理想中,专业型律师没必要;但现实中,没办法。

专业型律师要去做营销是对"专业的人做专业的事"这句话最大的嘲讽,而这句话,律师们说得最大声。

人家就是对在书桌旁研究法律问题有兴趣,非要把人家逼到酒桌前。我们没见过要喝酒找学生资源的老师,也没见过约饭局找病人资源的医生,但在各种社交场合会经常看到想找案源的律师,而且也没人觉得有什么不合理。

案源为王，没办法。

2. 理想中，律师事务所有必要接管营销工作；但现实中，没看到。

连健身房都开始把卖课教练和授课教练分开时，律所还没有把营销工作从专业型律师身上剥离出来。大部分律师还是要自己身兼多职，营销、转化、办案全是一个人的"一条龙"式服务。这也是为什么90%的律所对新入行律师来说区别都不大，因为去哪儿都要自己解决营销问题。

也是为什么法律咨询公司发展势头如此之猛，它们的发展证明了，法律服务市场有需求：存在大量的下沉市场；有供给：大量的新入行律师。而且它们还有经验：专业可能没有律师懂，但营销可是它们的强项。所以律所与其希望用行政手段打压法律咨询公司，不如拿点实力和魄力，竞争过法律咨询公司。

也是为什么很多新入行律师走上网红律师之路：律所不帮营销，案源平台帮你营销但太压榨，那就自己脱下孔乙己的长衫，亲自下场，既为生存，也搏运气。

也是为什么更多的新入行律师，"卷"得越来越厉害。

四、律师为什么很难做好营销?

1. 没必要营销

在供给小于需求的年代,前辈律师坐在所里就能接到案件,最大的营销方式就是拿到律师证、挂一个律师事务所的牌子,就会有源源不断的案件。案件都做不完,哪有时间做营销?

2. 没学过营销

法学生的课程里面没有营销课程的设计,跟着前辈律师也没看过团队是怎么营销的,或者随着外部环境的变化,前辈营销策略大部分也不适用了。没有机会学也就只能自己摸着石头过河,八仙过海和群魔乱舞的局面也就不可避免了。

3. 排斥营销

大多数新入行律师还是有些"专业情怀"和"职业滤镜"的,本着实现公平正义的理念进入律师行业,不是精英行业也至少是个白领,怎能接受辛苦又"不体面"的营销？

而且很多律师，特别是新一代律师其实是不喜欢以传统社交方式去接案件的，他们心中的理想模板是解决法律问题的法律专家，而不是解决案源问题的营销专家。

五、律师的三类标签：专业、行业和个人IP化

把出庭"打官司"的业务称为诉讼业务，而其他不用出庭的业务全部叫作非诉业务，这种分类是很多律师介绍自己的业务的方法，很粗放但也很深入人心，因为"打官司"是大众对律师最直接的印象。但随着律师业务的发展，这种分类已经很难满足客户需求，因为很多法律服务几乎没有用单一诉讼或非诉形式就能解决的——诉讼中需要协商谈判，非诉中也需要辅以诉讼手段，比如在最为常见的法律顾问服务中，两种业务经常都会交织出现。那么除了"诉讼"和"非诉讼律师"之外，律师还有什么标签可以用来介绍自己的业务呢？

1. 专业标签

律师的专业标签，基本是从律师自己"会什么"的角

度出发的,比如合同纠纷、公司纠纷、劳动纠纷、婚姻家事、刑事辩护等。

这种标签对同行客户来说没差异,对普通客户来说又有距离,所以还在用这种标签的律师比较"卷",只能用不断细分的专业标签去找差异化,或者低价去吸引客户。

2.行业标签

律师的行业标签,是从客户的视角出发的。比如擅长房地产行业、能源行业、新媒体行业、区块链行业等,这些行业没有单一的法律规定(有些专业与行业天然有重合度,比如建设工程、民间借贷、涉外业务等),能够让客户一听就明白律师是否"对口",转化率和黏性相对比较高,也对律师的综合能力有一定的要求。

但律师的行业标签是否能带来收益,和这个行业本身的周期有关,像房地产和民间借贷行业(P2P)在下行周期中,即便律师在这个行业很有口碑,也可能很难比得过上升周期中的普通行业律师的业务量。

3.个人IP化

律师的个人IP化,是指一个人通过自身的专业技能、知识、经历、人脉等优势,在多个领域(如职场、创业、社交等)中所形成的一种独特影响力和口碑。个人IP形成,也就是对你形成了全面的信任。比如传统的律所主任、现在的律师红人（非律师网红，指有知名度但仍做律师业务的人，比如李建伟、罗翔）。

一旦个人的IP形成，不论你是哪个专业、哪个行业的律师，客户都会选择你，甚至选择你推荐、背书的律师。而且这种IP不一定需要大而广，只需要准确定位下的部分受众即可，这也是当下很多"毕业"律师的状态。

专业标签已经不适应当下市场，行业标签可遇而不可求，如何建立个人IP，是站在行业拐点的律师需要思考的新问题。

案源和客户

一、吸引客户、争取客户还是培养客户

吸引客户是指：你是具有X特质的律师，碰到欣赏具有X特质人的客户。你需要吸引他成为你的客户。

争取客户是指：你是具有X特质的律师，碰到欣赏具有Y特质的人的客户。你需要争取他成为你的客户。

培养客户是指：你是具有X特质的律师，碰到暂时不欣赏任何特质的人的客户。你需要培养他成为你的客户。

想吸引客户，那你就需要发现自己的特质，并且找到可能欣赏这种特质的人群所在。

想争取客户，那你就需要包装自己的特质，并且在Y特质客户碰到Y特质律师之前，要么改变他的喜好，要么自己也变得（至少表面变得）具有Y特质。

想培养客户，你需要有足够的耐心、心力、时间……

逻辑不一样，方法不一样。

成本不一样，结果不一样。

二、为什么我不怕蹭咨询的客户

1. 心里有额度

没啥交情的,蹭一次下次可以不理了。当然,心情不好或者印象不好的,一次机会不给也可以。

有交情的,可以适当地增加几次。如果他一直在消耗额度却没有补充额度(提供经济价值或情绪价值),到了额度一样可以回绝了。

2. 不怕得罪人

有客户来咨询,是他碰到事情了,有求于我,在没有相应对价的情况下,我当然有不帮这个忙的权利。什么抹不开情面,怕真的有委托下次不找你这种事,都是自己给自己上的枷锁。大概率上来看,来蹭的客户都不是优质客户,优质客户也不会来蹭。

所以没必要怕这怕那,患得患失,煎熬内耗。

3. 有专业自信

有些问题客户问了我的答案,没有经验和路径,他也无法落地处理,甚至问题可能都没问到点上。但如果确实几句话就能解决的问题真的也没必要收费,不如交个朋友,那么也就不存在蹭咨询的问题了。

但如果是我已经给了明确的答案或者是几句话确实说不明白的,客户还要不断追问,完全没有边界感的,那我也只能自信地回复:咨询收费。

4. 价值多元化

如果客户问到一个确实有难度或者很新的问题,激发了我的研究兴趣,那我也有收获。把新的信息量、新的实际问题、新的练手机会也看成一种价值,那就可以避免因为价值单一化(钱),陷入对蹭咨询的厌恶感中。

三、如何让客户感受到法律服务的价值

1. 及时

这是客户能感受到的最直接的价值。可以粗暴地理解为：在客户眼中，你响应快不快约等于你的服务态度好不好。

及时不一定是要马上给出答案，而是及时沟通，不要一天都找不到人，群里的消息三天都没人回复。特别是出现重大事件的关键节点时，一定要在第一时间和客户同步消息。

2. 专业

这是客户最容易否定法律服务价值的理由：不专业。小到错别字、格式问题，大到法律适用错误，都可能会让你在客户心里的专业分数下降。

特别是现在客户的法律意识和法律素质越来越高的情况下，客户也越来越容易找到律师不专业的法律理解。而且，随着律师服务的普及，哪怕不识货，多问几个律师比较一下，也能看出专业度。而且一旦客户发现你的专业上存在问题,或者主观上认为你不如其他某一位律师专业,就很难再扭转这种印象了。

3. 有用

这是客户最容易对法律服务给出溢价的理由。哪怕你再及时、再专业,解决不了问题,客户也不可能给出高价。

而有用,就是考验律师能否把法律解答导向变为问题解决导向,说白了,没有哪个客户想和你纯粹探讨法律问题,客户问的每个法律问题背后都有一个真实的问题。客户真正想要的,不是某个法律问题的答案,而是一个真实问题的解决方案。

能仅用法律方法就解决问题当然皆大欢喜,但多数时候,需要律师运用经验和多种工具,综合地解决客户的问题。律师的价值,是solve problem,而不是answer question。

四、律师如何让客户觉得你是"好"律师

客户觉得你是不是一名"好"律师,其实是一件很主观的事情,但即便是主观的,也还是有一些规律可循。

1. 能增加曝光、进入视野，你就是"好"律师

由于法律事件的偶发性，很多客户并没有储备太多的律师资源，当他们产生法律需求时，你是他们脑海中唯一能想到的律师，那你一定就是"最好"的律师。

那么就需要你尽早进入他们的视野中，成为他们唯一能想到的律师。

2. 能从行业切入、拉近距离，你就是"好"律师

大多数客户很难懂你专业的"好"，但你能懂他的行业，他肯定会觉得你比不懂他们行业的律师"好"。法律行业的专业化，不仅是在专业层面，更多应该是在客户层面，按照行业选择标签切入客户，远比贴"合同法""公司法"的标签效率高。

你多懂一分他的行业，你和他的距离就比其他律师更近一分。你越懂他的行业，他就会越觉得你"好"。

3. 精准营销、建立信任，你就是"好"律师

也有部分客户储备了很多律师资源，但并没有建立信任，当有需求的时候，还是不知道该找哪个律师好。那么律师想被选择就不是增加曝光、进入视野这么简单了。

很多客户，特别是中高端客户，很容易感受到你的营销目的，虽然不一定很排斥，但一定不是很喜欢。一上来

就说自己是律师，擅长什么什么案件，很难拉近距离，建立信任。

如果你虽然是用律师身份进入了客户的视野，但是因为某种品质、爱好或者观点产生了共鸣，得到了他的认可，那这时不用刻意营销，需要法律服务时他也一定会优先考虑你。

常怀利他品质、用真实的爱好联结、在不同场合输出自己独立的观点，都是获得客户认可的途径。你们有多一分的共同语言，他对你的信任就多一分。他越信任你，就会觉得你越"好"。

五、客户为什么很难找到"好"律师？

1. 客户判断不了律师的专业水平

术业有专攻，客户和律师之间有天然的信息差，客户根本无法通过法律知识和法律经验来判断律师是否专业。

所以更多客户更关注的问题是"这个案件胜率多少"，然后谁给的胜率越高，谁就更专业，就委托谁。但其实越专业的律师，越不可能承诺案件结果。

大多数时候的结果是,客户无法用专业判断律师水平,那就只能选择承诺结果的律师,而这个承诺结果律师是否"好",是个随机性事件。且总体看来,"好"的概率偏小。

2. 客户看不懂律师的营销方式

律师也想说点客户能听得懂的营销信息,比如今天发一个胜诉判决、明天发一个取保通知(不能承诺结果,还不能发以前的结果吗),名片上面一大串职务,还有服务各种大公司的履历。

如果上述信息是100%真实的,那肯定还是有参考作用的,但问题是,营销肯定不是100%真实,至少没有展示更真实的:只发胜诉和取保,没有败诉和不批准?职务与履历是真的有贡献和参与,还是只是挂名?

适当营销当然是必要的,但在营销上面同质化的内卷,反而增加了更多需要客户判断的信息,而这个律师是否真的"好",又成了开盲盒。

3. 客户没有储备律师资源

所以大多客户更关注的问题是"这个案件胜率有多少",然后谁给的胜率越高,谁就貌似更专业,就把案件交给谁。但"胜率"这个说法本身也无从考究且可左可右,并不能作为评价是否专业的标准。

而且越专业的律师,越不可能承诺案件结果。至于这个给出"高胜率"律师是否"好",是个随机性事件。且总体看来,"好"的概率偏小。

六、管理客户预期的原则

一个案件如果没有管理好客户预期,就算律师对案件结果判断得再准确,也等于败诉,因为客户不满意,也很难会有下次合作。而管理客户预期,也不能一味地压低,否则会导致丧失客户。那如何把握好管理的"度"呢?我的原则是:

"保护应当保护的、争取能够争取的、放弃绝无道理的。"

1. 先有模糊的边界感

先不论何为"应当""能够""绝无"的准确定义,一名律师应当给客户一个模糊的边界感觉:有些事情,即便花了再多的律师费,也是办不到的。而在能办到的事情里面,又分类为有些是容易办到的,有些是很难办到的。

不管这个边界的边界点本身有多模糊,律师也必须把那些边界点以外不模糊的事,清清楚楚、明明白白地强调出来,特别是底线的边界以外,绝对"绝无"可能的事情,一定要向客户明示。这里的"绝无"既有自己能力的边界底线判断,也有整个行业和法律的边界底线认知。

有了这些边界感,既可以让律师守住职业道德底线,又可以让客户建立一定的法律意识,不仅对往后服务客户有帮助,对整个法律行业和司法环境也有益处。

2. 再给出精确的分界点

要区分"应当"和"能够"的边界点、"能够"和"绝无"的边界点,既需要专业能力,也需要实践经验,更考验律师的风险偏好。某位律师认为这个诉求是"应当保护的",但在有些律师看来只是"能够争取的",甚至可能是"绝无道理的",而有些律师看来这个诉求是"绝无道理的",但在另外的律师看来却是"能够争取的"。

在不违反职业道德的情况下,对这些精准的边界点切分就是考验每名律师的综合能力:切得越精准的律师越受市场欢迎。当然,如果你能全部往低预期去引导,而客户仍然充分相信你、选择委托你,那你的客户预期管理得很好,对边界点的判决需求也不那么高了。那这个案件不管结果如何,你的案件办理效果大概率都会很好。

七、律师做免费咨询的逻辑问题

律师个人做免费咨询的主流逻辑是:

自己案件不饱和,与其白白浪费时间,不如通过免费咨询来积攒经验,说不定还能转化为可以收费的案件。

上述逻辑的问题在于:

律师的专业实践经验是通过分析问题、证据收集、案例研究、整理思路、交流讨论、选择路径、判决检验、总结反思等一系列链条构成的。而免费咨询由于是免费的,大多数新入行律师一是没精力无偿走完全链条的服务,二是大多数免费咨询的问题相对简单,也没必要走完全链条。而且很多问题看似简单,其实牵涉极广,不是新入行律师几句话就能说明白的。

那么对客户,很难解决真实问题,只能"隔靴搔痒";对自己,由于没有全链条的锻炼,经验值增长有限。而面对"千奇百怪"的免费咨询问题,律师如没有研究与实践经验就直接给出建议和结论,也没有对客户负责。即便是免费服务的客户。

这种行为对于律师行业,其实是加速内卷,恶化执业环境。毕竟降价,是最容易模仿的竞争手段。

第四章 律师和案源

那想通过免费咨询转化成收费案源呢？其实有些天真。想想如果你天天去的免费餐馆，有一天突然收费了，你是什么心态？如果这家餐馆打着免费的招牌，进去发现里面大多是收费菜品，你又是什么心态？真正奔着免费进去餐馆，去了又不得不消费（不管什么原因）的客户，又是什么心态？

其实大家可以换个逻辑。

案源除了来自直接客户，还可以来自间接客户——律师。可以说，律师同行是新入行律师最大的客户。那是不是可以把免费的受众，切换成律师同行？

与其通过免费咨询的方法找直接客户（你还不一定有得挑），不如通过免费服务找间接客户（你还有一定的挑选空间）；与其通过你不擅长的方式营销自己（新媒体），不如通过你擅长的方式打动别人（诚恳、务实）；与其回答一堆基础又无法验证的问题，不如跟同行律师多走一遍全链条案件；与其被客户"白蹭"，还不如被同行律师"压榨"（其实不拿钱也"压榨"不到哪儿去），客户可以"蹭"了就走，同行律师在圈子里多少还是有点"口碑包袱"，大多不会真的让你免费服务。

所以免费咨询不是长久之计，也不是合理逻辑，换个思路，才能破局。

八、低价策略,律师行业可以用吗?

一般行业用低价策略的三个主要原因:

1. 低价抢占市场

通过不赚钱甚至亏本的价格抢占市场,从而挤出其他竞争者,达到局部或者暂时垄断,然后重新定价,形成高额利润。如滴滴补贴大战。

2. 低价引导流量

通过部分低利润、超值商品吸引客户注意力,客户进店后再通过销售其它高利润商品达到盈利。如一天一道特价菜。

3. 低价处理库存

大多数商品有天然质保期、有效期,不及时处理不仅没利润,还有额外保管成本。如尾货市场。

所以,律师行业能参照一般行业,采用低价策略吗?

①低价能抢占市场吗？

不能。由于法律服务的强人身属性和非标准性，无法大量供给，也无法挤出其他竞争者。正常平均一名律师一年可以办30~50件案件，所以没有律师能通过一年做1000件案件，并用大量的低价供给把其他竞争律师全部淘汰。那么在同等服务质量下，就总会有客户抢不到低价的法律服务，那就总有律师能不通过低价竞争得到案件，在市场存活。

所以，低价策略是无法挤出竞争者达到垄断的，只会累死自己。

②低价可以引导流量吗？

也不能。由于法律服务的偶发性和专业性，很难让一个"一次进店"的客户马上进行二次购买：找你低价咨询一个法律问题，不一定马上就有高价的诉讼需求，引流的意义也不太。

即便有，专业方向也不一定对口。而且就算用基数较大的专业业务方向（婚姻、劳动、刑事案件）做精准引流，又由于法律服务的非标准性，还是需要大量的精力做筛选、匹配、转化优质流量的工作，也不是一般律师可以做到的。没有专门的流量转化人员，光靠一名或几名律师意义也不大。

而且转化流量的成本，可能比引流的成本还要大，也不是一般律师可以做到的。

③能低价处理库存吗?

更不能。法律服务是无形服务,没有保质期和有效期一说。如果说由于没案件做把多余的精力当作"库存"处理,那等于用不会过期的面粉去做一个面包,却卖一个快过期面包的价格。

何况,你真的有那么多精力可以当"库存"处理吗?

律师和新媒体营销

一、IP和网红

开始做新媒体营销的律师朋友们,一定听过"IP""个人IP""网红"等定义不明的新鲜词,但作为法律人,也应该知道,概念没有定义清楚,方向就很难正确。

1. 什么是IP?什么又是个人IP?

传统IP是指Intellectual Property,即知识产权。具体指被法律保护的、具有独创性的、劳动者的智力成果。

个人IP,又叫个人形象IP化,是从传统IP衍生出来的概念。是指一个人通过展示专业技能、知识、经历、身份等信息(合称内容),形成的一种专有印象,并产生了跨域的影响力和信任。

二者主要的相同点是:

①都会产生信任基础。

②都需要一定的差异化。

二者主要的不同点是:

①传统IP，智力成果和劳动者分离。比如大家知道奥特曼，但不知道奥特曼是谁创作的。

②个人IP，是智力成果和劳动者强绑定。因为本质上这个人就是智力成果、是产品。

③传统IP的信任基础是法律，不一定需要市场认可（驰名商标除外）；个人IP的信任是以市场认可为基础，需要跨域性（专业、地域、年龄、时间、文化多种领域覆盖）的市场认可。

2. 个人IP和网红又有什么异同？

二者主要的相同点是：

①都需要一定的流量。个人IP需要产生跨域影响，有跨域影响必然会产生一定的流量。如果个人IP没有产生跨域影响力，只有内容和内容产生的专有印象，就只能称为专家或者行业KOL[①]。

②都会有一定的专有印象。你都会记住这个人的形象或者作品，只是记得的原因和时间不同。

二者主要的不同点是：

①个人IP需要三要素，即内容、内容产生的专有印象及内容产生的跨域影响力和信任。

网红只有一要素，就是具有流量的人。大流量是大网红、小流量是小网红。

---

① KOL：关键意见领袖。（Key Opinion Leader）

②个人IP是围绕内容,用技巧吸引流量。

网红是围绕流量,用技巧设计内容。

③个人IP的专有印象基于内容,信任度较高且较久。

网红的专有印象比较单一,信任度较低且较短。

3. 个人IP和网红的理解误区

误区一:粉丝量等于流量。

粉丝量不等于流量:过气的网红,有粉丝量但没有流量,都是"僵尸粉"。

流量也不等于粉丝量:虽然"黑红"也是"红",但粉丝不是真的粉,都是"黑粉"。

流量是注意力,粉丝量只是流量留存的部分表现形式,能否再次激活这些流量,也是未知。

所以个人IP和网红都有流量需求,但不一定完全表现为"全网粉丝量"。

误区二:个人IP和网红的尽头都是直播带货。

直播带货是网红的尽头,因为所有商业的底层逻辑都是营销(流量)+销售(带货)。直播作为商业模式的一环,当然需要带货来作为变现的手段。

个人IP的表现形式之一是带货,但不是尽头。因为个人IP底层逻辑是影响力变现,是间接和隐性的,效能和效果都不一样。如马斯克、雷军。

误区三：个人IP和网红可以相互转化。

个人IP转网红的有可能，放弃内容主导，转向流量主导就行。

但网红转IP就比较难，一是因为既有印象难以打破，二是网红习惯了短、平、快的变现，很难回归内容做长期主义。

误区四：个人IP更好变现。

个人IP和网红是两种不同路径，就变现来说，没有哪个更好。个人IP要贴合自己的人设变现，不能持续输出内容，不能不断巩固受众的信任，变现就会和网红逻辑一样，消耗的是即时流量，割一波就少一波。

误区五：专家、明星和KOL都是靠内容产生流量的。

不一定，可能无心插柳，可能机缘巧合，来了一波并非关注你核心内容的流量，那就会变成网红专家、网红明星和顶流KOL。等这波流量过去了，还是回归成专家、明星和KOL。

只有因内容产生的流量，才可能产生较高的信任度和持续较长的时间。

二、做新媒体宣传需要先想好的几个问题

1. 先搞专业还是先搞营销？

营销是专业的放大器,1×10=10,2×10=20,而0×10=0。

内容设计、直播连线都需要很强的专业能力支撑,所以,做新媒体宣传前可以先评估一下自己的专业能力到底有几分。

我见过案源很强但专业很弱、几乎无法独立办案的律师,但没见过专业很强还没有案件做的律师。

2. 你的天赋是营销,还是专业?

有人天生"网感"很好,能把专业内容和新媒体宣传结合得很好,但再深一点的专业问题,可能就没有太多时间和兴趣去研究了。

有人能把专业做得很好,但做新媒体宣传,实在是煎熬得很,投入回报比惨不忍睹。其实专业型也有专业型的营销路径,没必要跟风赶潮,得不偿失。

3. 当律师还是当网红?

律师是靠专业吃饭,网红是靠流量吃饭。

蹭热点、搞擦边、拍段子可能有流量,也可能变成大网红,先不说变网红后能不能变现的问题,吃惯了流量的饭之后,你几乎不可能再用专业知识变现。

新媒体那一套先吸粉再洗粉、先引流再变现的路径,是否完全适用律师行业,也是一个需要提前想好的问题。

4. 想想最后的理想状态

假设,你的新媒体营销做得很好、粉丝很多;再假设,你还是用律师专业吃饭,转化率也很高,每个月都有很多案子,完全做不过来。

那不可避免的是,你必须找人合作或分配出去,否则案件根本消化不完。但你始终是客户心中的第一责任人。案件越多,合作的人越多,风险越大。而且案件越多,需要管理的人越多,而管理又是产是你的天赋所在或理想状态?

如果你想挑相对优质的案件做,来减少相关风险,那挑选本身也是有时间和精力成本的,你是否负担得起?而且还要想想这些平台到底有没有相对优质或者你想触达的客户群体?

别的行业走一步、看一步可能行得通,但律师行业,最好是想一步、走一步、看一步，再想一步、再走一步、再看一步。

三、现阶段律师做好新媒体营销的门槛：3个3

①执业3年以上：你才有基本的自信、内容和逻辑可以讲。

②准备干3年起：你才有可能初步跑出来，有时间找到自己的差异化、打造自己的护城河。

③准备投入30万元起：你才有人可以用，有资金去组团队，有机会可以试错、迭代。

这还只是门槛，因为：

①你有内容不一定能完整输出内容，还不一定能持续输出内容。没有对信息的高吞吐量，3年积累的内容几个月就消化完了，能即时输入、高效输出的高吞吐能力才是核心技能。

②你有干3年的决心，不一定就真能坚持3年，3个月内没有正回馈，或者出现了更有收益的事情，又或者某些客观情况发生变化，就很容易半途而废。就算干了3年，你也不一定能达到理想的效果，可能刚有起色，还在路上，

得再干3年。

③投入30万元只是天使资金、风险投资,要做出一定的效果远远不够。在现在的流量竞争下,3年投入30万元基本就是个摸奖的水平,运气好摸到了奖还能回个本,运气不好可能连个泡都没有。

但现实情况是:

大多是执业5年以下的律师在做新媒体,原因可能是他们对新媒体平台的接受度更高,案源压力也更大。

执业5年以上的律师很少做。原因可能是他们处在律师事业的爬坡期,对做新媒体投入和产出的比例考虑比较多,很难投入大量精力研究,并坚持中、长期无回报的内容输出。

律所或大的律师团队基本不做。原因可能是他们本来就没有成体系的管理制度,也有各种原因导致不想做、想做也做不了。

所以,我的建议是:

执业3年以下的律师不应该做,至少不应该投入大精力去做。因为你们的专业还不扎实,做新媒体会分散时间精力。不是天赋异禀的话,两手都要抓等于最后两手空空。而且从底层逻辑来看,你的服务产品都没有质量保证,怎么可能卖出高价钱?用律师身份纯做流量然后走带货、打赏、接广告的模式不在讨论范围,因为那等于换了一个新行业,并不是用律师专业能力吃饭。

执业3年以上的律师可以尝试做，因为你们有一定的专业能力了，也有一定的成本承受能力了（这个成本既是时间、精力，也是办案的机会成本和直接的经济成本）。反正不论是传统的线下出书、讲座、地推、混圈，还是线上的新媒体渠道，底层逻辑都是用流量思维去开拓案源，那多一个线上渠道去尝试一下也没什么问题。

线上线下流量都有自己明显的优势和缺点，只是心理预期要做好，自己适不适合做新媒体、适合怎么做新媒体、能用多少成本做新媒体，都是要提前想好的问题。

而律所或大的律师团队应该做，至少应该着手储备相关的知识和人才。毕竟，这是趋势，至少是规模所和大团队应当跟随的趋势。

反正，线上流量就摆在那儿了，你不做有人做，而能做、会做的律所/团队必然会形成新的竞争优势。

四、新入行律师做新媒体营销的悖论

如果你认可：
①律师行业和其他行业的商业底层逻辑一样：
营收=流量×转化率×客单价；

②互联网新媒体是90后、00后客户寻找律师的重要途径；

③每位律师每年的接受案件委托数量有上限（一般不超过50件）；

④新入行律师执业初期的两大问题：专业不扎实，案源不稳定；

⑤互联网提升了商业效率，但降低了商业信任。

那么你会发现：

A.因为上述第③点，律师行业应当是低频高客单价，而不是高频低客单价。低频高客单价的行业需要信任背书，高频低客单价的行业需要性价比，又因为第⑤点，律师行业其实不适合做互联网新媒体营销。

B.因为上述第②点和第④点，新入行律师必须做互联网新媒体宣传。

C.因为上述第④点和⑤点，新入行律师做互联网新媒体宣传无法提高客单价。

D.因为结论A、B、C存在悖论，新入行律师仍然无法解决第①点中的底层逻辑问题：即便有足够的流量，也很难有高客单案件，更无法自己消化大量的低客单案件。

产生悖论的原因在于：

①互联网新媒体行业现在已经是一个专业赛道，随兴玩玩或者随波逐流都已经达不到理想效果。

②律师特别是"单干"的新入行律师，生存和专业

问题是最大的问题,不可能拿出特别多的精力投入这个赛道。

③律师专业需要长期主义,而新入行律师生存需要短期变现。二者的矛盾导致新媒体内容没有足够的质量输出,也没有稳定的正向反馈,使得新入行律师无法坚持。

④互联网新媒体平台娱乐属性较强,保持律师专业性就难以涨粉和引流,要涨粉和引流就得牺牲一定的专业性和专业形象,而且就算牺牲了也不一定可以实现涨粉、引流。

而这种冲突,很可能导致律师无法实现新媒体营销的初衷——开拓案源,除非你已经不打算用律师职业变现(做案件),而是用律师身份赚钱(接广带货)。

⑤互联网新媒体平台粉丝多、流量大也不意味着变现能力强,流量和变现之间还有很长的路要走。

五、个人律师新媒体营销的六种情况

大部分尝试做新媒体营销的个人律师,最终都会面临以下六种情况。

情况一：毫无起色

尝试了一段时间的新媒体营销，发现没流量、没粉丝、没咨询。不用灰心，按照"二八定律"，80%的律师做新媒体就应该是毫无起色的，专业的事交给专业的人，律师好好打磨好自己的专业技能，这次新媒体之旅就当是个体验吧！

情况二：小有起色

尝试了一段时间的新媒体营销，发现自己还有点流量，还涨了些粉。运气不错，你进阶体验了一把"流量红利"，但"这样都能火"的惊喜心情还没消退，"这样火了又有什么用"的疑惑马上就会生起。你想"白蹭"平台的流量，平台想"白蹭"你的内容：情绪化、偏激化、娱乐化、本能化的流量，几乎没有任何变现价值，想挖掘这部分的流量价值，你需要做得更多。

情况三：接广带货

尝试了一段时间的新媒体营销，效果还不错，还有人找你带货接广了。恭喜你，你成了带有律师身份的跨界人才。这样的正反馈必然强化了你的变现逻辑和流量思维，会再次加大投入和坚持这个路线，如果这一段流量吃得足够多，对很多新入行律师来说，收入可能已经远远超过律师主业。但比较遗憾的是，可能再难以回到赚律师职业的钱（即办理案件的钱）。由俭入奢易，由奢入俭难，体验了赚流量变现的快钱，很难再回到赚一个案件一个案件的慢钱。

情况四：想案无成

虽然有了一定的流量、粉丝和咨询，但发现来咨询的质量不怎么样，很难达成委托，投入回报不成比例。

不好意思，在你的内容和你获得的流量不垂直的时候，脱不下"孔乙己长衫"的你可能就要在此出局了。在这个分岔路口，又至少有20%律师中的80%的人，既无法接受纯流量变现的打法，又无法再加倍投入时间和金钱，选择了退出游戏。

当然，如果你能把心态调整好，也不失为一段不错的体验。

情况五：个人版的"网推所"

虽然发现案源质量不佳，但斗志满满的你准备打造标准化产品来提高投产比。那你得赶快去做了，这就是"网推所"的个人版打法，如果不抓紧时间，标准化的产品一定会被流量更大、成本更低的"网推所"PK掉。

你觉得你的标准化质量更好？质量再好也比不过价格更低，想想拼多多你大概就能明白了。

情况六：网络版"大律师"之路

不同于"走量"的思路，你发现案源需要进一步筛选，而且自己亲自办案才能有较大的收获。

恭喜你，你选择了网络版的"大律师"之路，在这条路上，你既需要互联网的流量红利，也有律师之本的初心，还要有一定的经济实力、管理能力和机缘，组了团队帮你筛选：你负责引流和交付，团队负责筛选、转化和售后。筛选和转化所耗费的精力绝不比办理案件来得低，你已经不可能不靠团队还想着自己"一条龙"全部搞定了，而且如果你能再继续发展到下个阶段，引流和交付你可能都无法兼顾了。

虽然这是一条艰难的路，但主动选择一条只有 $20\% \times 20\% \times 20\%$ 的存活路线，勇气还是值得鼓励和钦佩的。

律师费，你想明白了吗？

一、律师如何利用"杠杆"

"杠杆"是资本市场的一个术语，指将借到的货币追加到用于投资的现有资金上，有放大收益和风险的功能。《纳瓦尔宝典》一书中说：人分为两种，利用了杠杆的人和没有利用杠杆的人。[①]

传统行业有两种杠杆模式：投资和雇人。一个叫资本杠杆，一个叫劳动力杠杆。其实底层逻辑都一样：都是利用别人的脑力和体力去帮你赚钱，只是表现形式不一样。

回到律师行业，律师服务的核心不是有形的产品，投入再多的律师，都不能批量复制且保证服务效果，再加上较高的入行门槛和管理成本，让律师行业难以用上资本杠杆和劳动力杠杆。

换个思路，那律师只利用自己的脑子和体力能否加上

[①] （美）埃里克·乔根森著，赵灿译：《纳瓦尔宝典》，中信出版社，2022年版。

杠杆呢？当然能。风险收费模式[①]就是律师行业特有的杠杆工具。

风险收费模式相当于律师和客户合伙办理一个案件项目，一个出力一个出钱，共享收益，共担风险。如果每个案件都是风险收费模式，相当于同时开了N个合伙企业，放大效果非常明显。

固定收费的经济效益是线性的，而风险收费的费用可以是非线性的。当然，要想风险收费模式达到理想效果，前提是：

①风险收费方案设计合理。别风险收费模式的总价比固定收费还低，变成了律师费分期付款、变相还价。

②律师对案件预判准确。别设计一个完全实现不了的风险目标，自己白忙一场、入不敷出。

③合规、合法。如果风险的代价是"死亡"，不论风险的回报是多少，建议放弃。

利用了杠杆的律师和没有利用杠杆的律师，将会是完全不同的两种状态。

[①] 风险收费模式：即律师和委托人达成协议，以案件办理的某种结果作为条件，条件满足则获得数倍于固定收费的律师代理费用，条件不满足则少收或不收律师代理费用。

二、接案只考虑律师费吗？

要回答这个问题，首先要回答：一个案件到底有哪些价值？

首先当然是经济价值。非常直观，就是律师费，相信没有律师会不在意。其次是情绪价值。一是来自客户信任的情绪价值，二是来自案件难度的情绪价值。这两种情绪价值是案件中容易被忽视的价值。

如果客户对你信任度不高，这个案件一定内耗严重、精神压力极大，最终办案效果也不会太好。但如果客户非常信任你，那就算这个案件律师费不高，相信很多律师也愿意接受委托，也会兢兢业业、尽心尽力地办好这个案件。

其实这种情绪价值，不是光讲情怀，也有间接的经济价值。被信任的律师案件办得肯定更用心，对案件产生的正面效果，又会进一步增强律师和客户之间的信任度，从长远来看，又会带来更多的合作机会和口碑裂变，产生间接的经济价值。

而且案件本身也会产生情绪价值。如果一个案件本身是有难度的、有挑战的，能让你研究起来兴致勃勃、热火朝天，相信很多律师也会对经济价值的考虑有所调整。

只做同样类型且没有新挑战案件的律师，职业生命力会越来越弱，因为封闭信息带来的惰性会让所办理的案件效果越来越不理想（参考熵增原理），并且简单案件同质化的竞争也会让获得案源越来越困难。

一个机械重复的案件做起来不会有太多情绪价值，如果律师费也没有太让人满足的话（大多数机械重复的律师费也收不高），带给你的甚至是负面情绪价值，而这种情况又是律师最容易犯错误的时候，疏忽大意的概率大大提高，导致不好的案件效果不仅影响了客户的信任，也让一个案件间接的经济价值大大下降——这位客户不太可能再为你介绍新客户。

所以，律师接案件的时候除了考虑律师费，客户的信任和案件本身的价值也应当综合考虑一下，否则会错过不少真正有价值的案件。

三、律师接案需要考虑的3个因素

律师费、客户的信任和案件本身的价值，是律师接案时需要综合考虑的因素。

1. 律师费匹配

律师费匹配不一定是律师费要高,而是案件难度、客户预期、律师自己的时间价值和律师费之间的匹配。

一笔过高的律师费,意味着你承载着客户极高的期望;而一笔过低的律师费,意味着你的价值没有被客户认可。

在这两种情况下所接下的案件,不是办得殚精竭虑,就是办得有气无力。

2. 客户信任度

最高的信任是客户把这个案件交给你之后,办案过程如何丝毫不影响他的正常工作和生活,基本不再过问,只需要最后的结果。当然,也不是每个客户的心态都如此平和,需要一定的沟通来排解焦虑也是正常的。

但如果客户不是基于信任的沟通,而是质疑你的方案、监督你的进度、抱怨你的工作,那这样的案件接下来,相当于内外两条战线同时开打,内耗严重,心力交瘁。所以有时候,客户的信任,比律师费还重要。

3. 案件本身的价值

如果你想在律师行业有所发展,案件本身的价值也是接案时需要考虑的因素。

律师是实践性职业，再有理论功底的律师也需要案件去验证他的理论，而且你真正做这个领域或这个难度的一些案件之前，所谓的理论可能是不成立或不完善的。

那么一个案件本身的价值可以体现在：

①填补了实践经验空白（想做没做过）；

②提升了专业水平（有难度）；

③形成了宣传价值（有影响力）。

所以，如果律师费、客户的信任和案件本身的价值这三个因素，某个案件一个都没有，建议就别硬接了。

有一个因素，建议谨慎接。

有两个因素，应该接。

全有，那必须争取接。

四、两个角度看律师费的高低

1.律师费的下限是律师的时间价值

为什么同一个案件，一名律师报价1万元，另一名律师报价10万元？他们的服务质量有10倍的区别吗？大概率是没有的。

报价的差距在于律师的时间价值区别，而律师的时间价值，除了自我定价外，更关键在于市场，即其他客户为他定的价：他10万元的案件都做不完，当然不会接1万元的案件。如果他1万元的案子都接不满，那也很难开出10万元的价格。

所以不要问为什么你的案件这么简单律师费还这么高，就像你只是普通感冒但需要挂特需门诊的号，也是数倍的挂号费。觉得价格有水分，换个律师就行了，虚高的律师费自然会有市场规则去调整，过分的还价是浪费时间，不如让这位时间价值相对高的律师介绍一位时间价值相对低且相对靠谱的律师。

2. 律师费的上限是当事人对案件的预期

为什么有些法律关系很简单也要找百万元律师费的律师而不是5万元律师费的律师？就像IPO业务已经标准化，为什么优质的项目还是垄断在少数收费较高的红圈所手上？

把一个案件做到60分可能只需要5万元律师费，但做到90分可能就需要50万元律师费，做到95分就需要100万元律师费。因为当事人的预期比较高，更重视，愿意为把结果从90分提升到95分或者把风险从30%降到25%而付出超额对价，那么即便一个法律关系相对简单的案件，也可能会收费很高。

这也部分解释了为什么律师费的计取一般是和诉讼标的正相关：标的越大，对当事人影响越大，当事人就更重视，预期就更高，律师费也就应当更高。如果你找了一个收费相对低的律师，还要求他做出高预期的结果，只能说有点强人所难，赌的成分比较大了。

所以律师谈案最远的距离是：当事人预期非常高，但给出的费用低于这位律师的平均时间价值。

而最危险的是，这个案子还接了。

五、律师创收50万元，容易吗？

很多律师同行觉得年创收50万元只是很多地区的平均水平，根本不值得一提或者很容易就可以达到，那一名年创收50万元的律师，到底满足了哪些条件呢？

1. 案件数量

如果你的预期案件收费是单案2万元左右（也比较接近行业平均预期），那你每年需要接案25件左右。

但是，接案，不一定能结案，你可能有很多案件无法在一年内办理完成，那么要保持这个创收，你的年均办案量很可能大于30件甚至40件。

如果你现在一年独立办5个案件、带两个顾问都觉得很吃力了,那在独立执业初期,是不可能达到50万元的年创收水平的。

这也是为什么很多律师在创收压力下很难保证办案质量:旧案要跟,新案还要接。

2. 客户数量

如果你的预期是每年接25个案件,即按照比较理想的10%左右的有效曝光率,再按100%的成案率来算,那你至少要认识250位可能有案件的潜在客户,而这250位潜在客户至少又需要10倍以上的流量池进行筛选。

如果说,连微信好友都没有2500位的基数,除了有特殊buff的律师之外,那也很难达到50万元的创收水平。

这也是为什么很多律师觉得开拓案源很难,别说新认识2500个人了,老同学和朋友都快不记得他了。

3. 时间单价

如果你一天有效工作时间是6小时(扣除掉通勤、摸鱼和工作切换损耗,已经很高了),一年按250天的工作天数来计算(也很高了,没有算案源开拓时间,也基本不考虑什么个人生活了),那你一年的有效工作时长是1300小时,那平均每小时需要达到创收近400元才能达到年创收50

万元的水平。

意思是,如果你一天的有效时间只能修改完成一份合同或者出一个法律文书的时候,这份合同或者法律文书的单价要达到2400元。

就算不计算案源开拓时间,现在也很少有客户能为一份合同或一份法律文书支付2400元的单价,如果再加上案源开拓时间,这个价格就还要高出数倍,才能让一名律师达到50万的年创收水平。

虽然上面这些计算逻辑都是在律师"一条龙"模式的条件下模拟,没有考虑团队的协同效应,但是仍对准备独立执业和评估自己职业方向的实习律师有参考意义。

六、达到年创收50万元,需要调整哪些思路

虽然一名律师达到创收50万元,并不是一件容易的事情,大多数律师很难做到。但如果真心是把这个创收数字作为一个阶段性目标的话,那就要先调整一下思路。

1. 案件数量

如果一个案件平均预期是2万律师费,一年要新接25

件才能达到年创收50万元，加上未结案件，一年可能要同时办理30到40件，强度太大，案件质量也难以保证。

那在想保证创收的情况下，只有降低案件数量，提高案件单价。但对没有议价能力和缺少资深律师合作的新入行律师而言，提高案件单价只有一个方法：多采用风险收费模式。

风险收费模式既能显示你对案件的信心（也是专业能力的体现），也可以通过和客户共担风险，赢得客户信任，同时，这也是达到单个案件律师费最大化的最有效途径。

没有超额风险，就没有超额收益。毕竟风浪越大，鱼越贵。

2. 客户数量

如果每年都要25个新增客户才能新增25个案件，那在理想情况下，每年至少都要新认识2500人才有机会达到，不现实也效率不高。

提高复购率是解决这个问题的方法之一，包括直接复购和介绍购买。这是最传统的律师获客途径，也是最有效的获客途径，不仅降低了你的拉新成本，也提高了转化效率。

在介绍购买的思路下，你会发现认识一个有背书能力的人，等于认识10个人甚至100个人（依背书人的人脉圈而定）。所以，发现并获得一个有背书能力的人的信任，是提高潜在客户数量的捷径。

3. 时间单价

如果每小时的时间单价达400元才能达到年创收50万元的水平，那除了努力提高自己的时间单价外，还要珍惜自己的时间，把不足400元单价的工作分出去。

如果当你时间价值到了每小时单价1000元却还在做单价400元以下的工作，无疑是自降创收。就像有的律师为了节约助理的成本，很多纯体力活还在自己跑；还有的律师跨专业的接案，开不起原专业案件应有的价格，也没有办理原专业案件应有的效率和效果，这都等于在自降时间单价，也是导致很多独立律师难以突破创收瓶颈的原因之一。

虽然你定价每小时400块的时间不是每个客户都能买得起，但如果你想到达一个较高的创收水平，给自己的时间定价是必经之路。

毕竟，你还有最后一个可以买你时间的客户：你自己。

律师合作

一、律师之间交流如何避免"抬杠"

律师是天生比较能说、能辩的一群人,同样,也是很难被说服的一群人,如果没有明确怎么讨论问题,就很容易从交流变成"抬杠"。为避免"抬杠"的发生,大家需要形成以下共识。

1. 先听懂对方的逻辑

如果讲的是个人体验和经验,那必然没有普适性,要么安静地听,要么找理由撤,没什么好"抬杠"的。

但如果讲的是逻辑,那就要求先听懂对方的完整逻辑后,再质疑,否则很容易成为先入为主、以偏概全,把话题带偏到"抬杠"的局面。

当然,没听懂对方逻辑可以先提问,把不能理解的逻辑点问完,而不是直接反驳。

2. 再适当质疑对方的推理

别人的逻辑1、2、3、4、5讲完了，1、2、3、4、5是什么也问明白、听明白了，再可以对1为什么到2，4怎么推导出的5进行反驳和质疑，这种看似"较真"的交流，只要还在对方的逻辑里面讨论，就不会进入各说各话的"抬杠"局面，反而可以促进双方深度思考。

但也要注意适可而止，已经明显发现对方无法自圆其说了，就不用再强人所难了。

3. 再看情况要不要质疑对方的大前提

1、2、3、4、5的逻辑中，1是大前提，1不成立，2、3、4、5必然不成立。但1大多数时候是价值观的问题，所以没有对错，只有立场，质疑1很容易进入价值观的对立导致开始"抬杠"，所以要慎重选择是否质疑1。

如果能在认可1的情况下，欣赏到一套很漂亮的推理逻辑，大多数时候，远比质疑1的收获要大。

这也是我们常说的空杯心态。价值观是会变的，说不定哪天，你也认可了价值观1，那就有一套完整的逻辑可以直接用了。即便你个人的价值观没变，那你也多了一个视角去理解其他价值观的人，何乐而不为呢？

二、律师之间合作看重哪些方面?

1. 专业支持

这是大多数律师之间案件合作的基础。

由于律师的专业领域不同,很可能客户的需求超越了自己本身熟悉的领域。又基于客户的信任和对客户负责的态度,需要找相关专业领域有研究有经验的律师合作。

2. 行业经验

除了专业,很多客户很关心律师是否了解他们所在的行业。

如果能够找到在相关行业有相关服务经验甚至是在相关行业从业过的律师合作,可以增加客户的信任和服务溢价。

3. 信任背书

在信任基础不强的情况下,有些客户不可避免地会以一些其他背书作为选择律师的标准。

比如执业年限背书、获得荣誉背书、学历、校友圈背书、社会职务背书、大客户的业绩背书（只要大，不用相关行业）等。而一名律师不可能满足所有背书，也不一定能猜中客户最在意哪种背书，因此需要一些有较多背书的律师进行合作。

4. 三观、性格匹配

一个案件犹如一个小型的合伙项目，在一段时间内可能要频繁地交流、接触。如果三观、性格不匹配，这个案件接下来做得也不会太愉快，只是双方的内耗可能还能忍，但如果影响到服务客户的质量和客户体验那就一言难尽了。

所以，在客户签约前就需要合作律师参与时，需求优先级一般是：

信任背书≥行业经验＞专业支持＞三观、性格匹配。

在客户已经签约后才需要合作律师时，需求优先级一般是：

专业支持＞三观、性格匹配＞行业经验＞信任背书。

三、找关系型律师和找专业型律师

1. 找关系型律师的逻辑

有关系＞没关系；

关系硬＞关系不硬。

如果纯按市场规则自由发展,没有关系的律师都会被淘汰,只剩下有关系和关系硬的律师,直到原、被告双方都是关系型律师。

如果双方关系差不多"硬",理论上,出价更高的一方更应当赢。而出价的上限,是当事人本身所有利益(直接和间接)的全部(极少有人愿意亏本打官司)。

所以,双方律师关系越硬、越势均力敌,需要当事人付出的成本就越高。此时,当事人所剩下的利益就越低,律师和"关系方"的收益反而越高。

当然,当事人对司法机关和律师行业的评价也会越低。

2. 找专业型律师的逻辑

专业＞不专业；

对案件结果预判准＞对案件结果预判不准。

如果纯按市场规则自由发展，不专业的律师都会被淘汰，只剩下对案件结果预判准的律师，直到原、被告双方都是非常专业的律师。

如果双方律师都很专业，理论上，双方当事人只能按律师意见调解。因为再打下去等到判决也是和双方律师的意见差不多，反而多了诉讼成本和时间成本。

此时，由于市场上都是专业型律师，双方当事人再找其他律师得到的结论也差不多。所以，双方律师越专业，需要当事人付出的成本就越低。当事人节约了金钱和时间，也节省了律师和法官的时间和精力。

由于裁判结果可预期且相对统一，当事人对司法机关、律师行业及法治理念的认知也会相对稳定。

当然，这两种模型都比较理想化，需要时间、顶层设计和市场机制共同作用。而在这个过程中，我们每一名律师选择走什么样的路，影响甚至决定了这个过程的长短和方向。

第三篇

律师行业和律师事务所

第一章

律师行业的特点和现状

律师的文化生命

> 文化生命的强弱取决于德性和创造性。
>
> 律师文化的生命起源于律德的树立和认知的开放。
>
> 也是脱离经济动物,将"脑"和"心"平衡的过程。

第一章 律师行业的特点和现状

律师行业的特点

一、律师行业有哪些特点？

1. 成长周期长

在律师行业里，有一个公认的"三五八定律"：工作三年方入行，苦干五年有饭吃，坚持八年才能走出自己的道路，正式在律师界站稳脚跟。

很多律师前三年的工作都是辅助性的工作，熟悉律师行业业务流程。从收发快递、打印材料，到查找案例、起草文书底稿，再到跑腿立案和法官沟通，不跑完一定数量案件的全流程，你心里根本对律师行业就没有一个大概的框架。就算有些案件接触到了核心法律问题的分析和决策，但由于积累不够，大多数时候也是雾里看花，和一般人的区别并不大。这还没算律师也需要掌握的不同案件类型技能、其他行业常识、客户接待和案源开拓技能所需要的时间。

2. 师徒制仍是主流带教方式

虽然大学里有法学院，但主要还是培养学生的法律认知，而非律师人才，所以律师行业仍存在大量的师徒制带教方式。

而师徒制先天就不是效率高的带教方式：一是师父的精力有限，一年带不了几个徒弟。一是徒弟前几年大都只能跟着一个师父，养分也不够丰富，双向效率都不高，再加上还有"带出徒弟饿死师父"的刻板印象，这也是律师行业为什么有"三五八定律"的原因之一。

3. 获得信任的能力比专业还重要

只有先获得了客户的信任，才有机会展示你的专业。而且客户作为行外人，根本没有能力识别你的专业度，哪怕你真的非常专业，那也只是获得客户信任的原因之一，并不是促成交易的全部理由。虽然客户不懂专业的程度，但信任的感觉他懂，这也是为什么我们会看到很多好像专业水平不怎么样的律师却一直有很稳定的客户。所以在客户眼里，信任但不专业的律师优于专业但不信任的律师。

所以想开拓案源，不妨先想想你更能获得哪种客户的信任。

二、律师为什么只能是"一条龙"

律师行业有个笑话：

接案前，我们是"一条龙"法律服务。

接案后，我就是那条龙。

接案、办案、客户维护，大多数律师都是一人完成绝大部分工作。

他们也没办法。自己好不容易接的案，不敢找不信任的人办，更不敢把客户维护交出去。既怕自己没时间开拓案源，又怕案件办得不好，还怕客户被挖走。只能压榨自己的精力做"那条龙"。

归根到底，还是律师之间很难建立人合性的问题。很难充分了解一个合作律师是否三观一致、是否专业过硬、是否职业道德过关，因为这些都是需要时间检验和一定的试错成本才能真正确认的。

而现在大多数法律科技公司、案源分配平台、咨询公司和律师团队，都解决不了这个问题。他们既没有耐心和方法去检验，也不想承担试错成本。

谁能解决人合性问题，谁才能真正改变律师行业。

三、律师行业用词的定义：创收

1. 创收

指律师委托合同上所签订的价格。理论上也应该等于律所开具的律师费发票金额，因为律所统计律师的创收金额是以有效发票金额计算，一般以自然年度为一个统计周期。

2. 净创收

指在创收中扣除外部的案源费用、合作费用后的余额，即在团队内可以分配的创收余额。因为很多团队对内的提点设计是以净创收额作为计算基础，所以这个概念也有存在的必要。由于存在案源费用和合作费用，有很多团队创收高但其实净创收并不高。

3. 净利润

指在净创收中扣除所内、团队内的所有成本后的可分配余额。包括且不限于律所扣费（管理费、卡位费）、团队成员薪水（工资、提成）、办案成本（差旅、办公软件)、团队学习费用、营销费用、税费等。

如果是比较资深的授薪律师,由于成本负担较小,净利润可能高过很多刚独立执行的律师甚至初级合伙人。

合同外收入,和非直接业务成本,如置衣、买车不计入上述统计。

四、律师行业用词的定义:团队

1. 松散型团队

又称大团队。是指若干个团队、个人律师的联合体。会因为某一个原因,如共用账户、共同团建、借用业绩(经常)、合作案件(偶尔)而形成的,相较本律所其他团队更为熟悉的团队。大团队内,各团队之间利益相关性较小。

2. 紧密型团队

又称小团队。是指少量团队、个人律师的联合体。通过经常合作案件而建立的较长期、稳定的合作所形成的团队。各团队之间有一定量的利益相关性,而且相互更为熟悉。

3. 团队

又称个人团队。通常由 1~3 名合伙人和若干名助理、授薪律师构成。通过某种约定和制度，达成共担成本、共享收益的效果。内部交流较频繁，内部资源也基本可以共享。

同行之间交流所称的团队，往往是指个人团队，着重想了解团队负责人的个人能力，但这种交流很容易忽视松散型团队和紧密型团队所带来的资源和潜力。

律师行业存在的问题

一、律师行业的两个内部问题

问题一：案源问题

包括案源开拓问题。

现象：律师很难找到案源。

原因：

①律师营销能力弱，宣传覆盖面窄。

②律师行业分工不细，"一条龙服务"导致很难顾前又顾后。

③律所没有前台功能，无法给律师提供足够的案源。

阶段性导致：

①流量为王。能做第一个接触到客户的律师，大概率就能拿下客户。

②"一条龙"的服务模式下，跑得出来的律师必须是前、中、后没有明显短板，对律师综合能力要求很高。

③律所没有差异化，去哪个所都解决不了案源问题，只是成本上略有区别，导致律所挖人也只能"卷"价格。

以及案源分配问题。

现象：律师费分配经常有矛盾。

原因：

①专业型律师多，案源型律师少，案源为王。

②"二八定律"和行业红利，早期前20%的律师拿到了80%的优质案源。

③师徒制。"师父"就是可以占据绝大部分利润。

阶段性导致：

①案源型律师地位远远高于专业型律师地位，"大律师"不是指专业强的律师，而是指案源强的律师。

②新入行律师生存空间较小，行业发展不健康。

③"师徒关系"有名无实，赶紧拿到证就独立成行业常态。

问题二：专业培养问题

现象1：没有成熟的培养机制。

原因：

①法学院培养的是法律认知，培养方向是学者，不是律师。

②带教律师自己没时间、没经验且培养素材单一。

阶段性导致：

①法学生技能和认知与律师行业脱节，什么学校出来的差距都不大，进入律师行业需要很大的磨合成本。

②新入行律师没有体系性的培养机制，最终只能八仙过海和野蛮生长，导致成才率和服务质量无法保障。

现象2：专业没有标准。

原因：

①没有权威机构可以制定专业的标准。

②没有稳定的逻辑去梳理专业的标准。

阶段性导致：

①各说各话，甚至相互贬低，都觉得自己专业不错。

②没有统一的标准和逻辑，让客户识别律师的难度加大。

③法官和学者是否专业都有一定标准，没有标准的律师只能向二者学习，而不能反向输出。导致律师在三者中地位最低。

现象3：法律信仰缺失。

原因：

①过分强调律师行业的商业属性，创收是第一话题。

②新入行律师对律师行业的认知不足，吸引他们进入律师行业的要素只有赚钱和自由。

阶段性导致：

①律师职业风评不佳，有"唯利是图"的标签。

②新入行律师预期落空,对律师行业过度"祛魅",无法吸引优秀的法律人才。

二、律师行业的两个外部问题

问题一:客户与律师无法精准匹配

现象1:客户找不到律师。

原因:

①律师营销能力弱,宣传覆盖面窄。

②前期律师红利大,看不上小案件。

阶段性导致:

①流量为王。能第一个接触到客户,大概率就能拿下客户。

②营销能力需求大于专业能力需求。因此法律咨询公司和有自媒体天赋的律师可以获得不错的回报。

现象2:好客户找不到好律师。

原因:

①客户无法识别律师专业水平。

②因法律服务的偶发性,客户接触律师少,选择空

间小。

③律师行业的"转包"模式：大律师接案，小律师办案。

阶段性导致：

①服务水平波动较大，客户体验下降。

②双方信息差较大，律师存在套利空间。

③律师看到部分同行有"暴富神话"，自己也有了"暴富梦"（虽然暴富定义程度不同），easy money吸引力当然大过长期主义。

问题二：法官、学者、律师三足不鼎立

现象：三种职业的地位明显不平等。

原因：

①律师没有自己视角的观点。

学者，出书立著，扩散观点。

法官，提出指导案例，引导观点。

律师，学习两种观点，没有自己的观点。

学者教育法官，法官教育律师，律师接受双方教育。

②律师对判决结果影响力最小。

法官，通过公权力，直接决定结果（直接影响）。

学者，通过修正和创新法律理论基础，影响法官，间接影响结果（一重间接影响）。

律师，通过抽象出现实中的具体问题，影响法律的

理解，并让法官接受这种理解，间接影响结果（双重间接影响）。

③律师属性不纯。

三者中只有律师有明显的商业属性，为金钱还是为正义成为律师无法回避的问题，观点让公众完全信服的难度更大。

阶段性导致：

①律师在三者中社会评价最低，影响力最低，没有标志性的大IP。

②部分案件中律师的作用降低，对案件结果的影响力较小。

三、律师行业习以为常的悖论现象

1. 新入行律师拿证就独立

刚拿律师证或者快拿律师证的律师朋友碰到一起，最常见的问题就是："你独立没？""准备啥时候独立？"好像拿证就独立是必然的选项，不选就一定是有什么特殊的情况。

其实拿到律师证只是多了"可以以律师身份独立开庭"这一个变化，而独立执业应该是律师综合素质基本达标后水到渠成的选择。律师证只是一个形式标准，能力才是实质要求，形式标准和实质要求中间，隔着不可替代的时间成本和经验积累。刚拿到律师证其实是最不应该独立的时候，却又是最多人选择独立的时候，这是律师行业最习以为常的悖论现象之一。

想用独立"逼"自己成长的逻辑不是不成立，但不是每个人都适合，拿证就独立也不应该是常规路径，特别是在当下的大环境下，应该选择更平稳、更有远见的成长方式。

2. 资深律师不亲自办案

如果一个高级合伙人或者执业二十多年的律师还在亲自开庭，大家一定会半敬佩半惊讶地说："您还亲自办案呀？"

奇怪的点在于：大家既认可律师是一个很需要实践经验的职业，开庭也就是最好的实践机会，又觉得资深之后，更多的时间应该投入非办案的部分中去，案件交给新入行律师去办好就行。

这明显又是个悖论。身为律师为什么不亲自办案？资深的律师不亲自办案，资深又有何意义？资深的律师不亲自办案，如何保证、维持自己的资深？如何给客户提供有实践经验的专业服务?

资深律师可以少办案,办大案、办要案。但资深不办案,是"案源为王"的背景下,律师们习以为常但又不合逻辑的现象。

第二章

律所发展

> **变化永远是好的**
>
> 你的选择可以是:寻求变化、拥抱变化、跟随变化、无视变化、拒绝变化。
>
> 但被动的变化会因为熵增走向混乱。所以,只能主动变化。

好律所有标准吗?

一、能解决问题的律所,才是好律所

如前文所述,律师行业存在两个外部问题和两个内部问题,而好的律所,一定是能解决这些问题的律所,哪怕是只能解决这四个问题中某个问题的某一部分,都有相当的竞争力和吸引力。

解决问题一:案源问题,包括:

案源开拓问题:品牌化和规模化,看似是律所在解决这个问题,但其实只有少数律师能够吃到品牌化和规模化的红利,因为说到底这个方向吃的是新入行律师高速增长的红利。

不将解决专业的事交给专业的人解决,律所层面的案源开拓这一实质问题永远不会解决,品牌化与规模化的方向只会走向"空心化"和"口号化"。

案源分配问题。如果只由律师分配案源,那案源分配问题将永远存在。因为大多数律师开拓案源的成本高、识别律师的范围小,只会把案源分配给成本最低、关系最近的律师，而不是效果最好的律师。

而且由于开拓案源能力在律师职业中的稀缺性，案源律师有绝对的定价权，案源分配不合理的问题进一步加剧。

这个问题往小了说是能力问题，往大了说是商业模式问题。

解决问题二：专业培养问题，包括：

打造成熟的培养机制。这需要时间和金钱的大量投入，而现在的律所的团队制模式，是承受不了这个成本的，导致面对培养问题，只能采取能用就用、不能用就换的短期模式。

树立专业的标准。说来好笑，其实心酸，以专业著称的律师行业，居然没有评价律师是否专业的、相对统一的标准。当然，做这个事是吃力不讨好的，还容易得罪人。但想有改变，就要有所担当，每个行业的优秀者都应该承担标准制定的重任。

培养法律信仰。信仰建立在对专业、情怀、理想的培养，在专业标准都不敢定的时代，谈情怀的律所更是屈指可数，而谈理想，就更不切实际了。

解决问题三：客户与律师无法精准匹配问题，包括：

客户找不到律师。这是案源开拓问题的镜像问题。有律师找不到客户，当然就有客户也找不到律师。

优质客户找不到优质律师：这与案源开拓和树立专业

标准的问题都有比较强的关联性。

要解决这个问题,可能要从客户视角来研究,到底客户需要什么样的律师、喜欢什么样的律师,并解决如何找到这些律师、储备这些律师的问题。而没有标准,就没有所谓的"好坏",就更谈不上找不找得到"好"律师。

解决问题四:法官、学者、律师三足不鼎立。

这和专业培养问题强相关,律师行业对内没有找到专业培养系列问题的答案,对外就无法提高律师的职业形象,达到和法官及学者一样的高度。

更可能的是,现阶段律师行业的重心并没有在如何进行专业培养上,而是在如何提高创收上,这必然会导致三者的地位差距进一步扩大。

二、好律所还有哪些参考标准?

1. 人均创收

这个数据包含了很多信息:律所和律师团队的品牌价值、律师专业及复合服务水平,客户的质量及对客户的管理能力等。

虽然一个律所的评价标准有很多维度，但律所毕竟是一个市场化主体，如果连当地律所平均人均创收都没达到，这家所很难说得上是一家好律所。

2. 人才储备

律所的核心是律师，好律所必然是由好律师组成。一个律所有多少律师大咖是一方面，如何筛选和培养新入行律师则是另一方面。

一个律所只有"头部""腰部"律师好，不是真的好，每年都有可能成为"头部""腰部"的律师加入或者成长起来，才是真的好。

3. 创新思维

律师业务相对传统，律所的组织方式也相对陈旧，30年来多少行业都已经沧海桑田，而律师行业的情况几乎没有本质改变。

作为一个服务型行业，这是不正常的。

30年前的律师执业理念、律所组织方式还能适用30年后的今天吗？现在"90后"、"00后"的客户和行业，还认可这一套吗？

能在30年前的标准里跑到前10%当然可以说是好律所，但能在30年后，用创新制定新标准的律所，无疑是更好的。

4. 法律信仰

虽然律所是一个市场化主体,但和其他主体最大的区别是:律所(律师)是司法制度的一环,有它的社会责任和使命。

小到恪守职业道德,做好普法、法律援助工作;中到推进律师行业进步,改善服务水平;大到提出司法建议、参与立法,推进法治建设,都应当作为一个好律所的评价标准。

如果一个律所永远只想着搞钱,那这个所也"好"不了多久。

律所和规模化

一、律所规模化的一些思考

1. 规模化的底层逻辑是什么？

规模化可以让固定成本下降，生产效率提高。

固定成本下降是因为人数越多，分担成本的人越多。生产效率提高是因为内部成员信息沟通的摩擦成本比外部低。

但是，律师行业并不是一个重资产行业，固定成本是有上限的，人数到了一定规模，固定成本分摊的效果就会越来越低。而且，律师行业也并不是一个能用固定资产投资拉动主营业务生产的行业，并不是固定资产投入越多，案件和律师费就会越多。所以越来越多的律所搬到越来越贵的写字楼，把固定成本拉起来一些，让规模化的效益上限高一些，但这样的操作，也只是舍本逐末的选择，并不能让律所的竞争力发生质变。

而生产效率的提升，在人合性需求强、专业分工不明、科技性弱的律师行业也只能"想象很丰满现实很骨感"，律师业务的同质化和利益冲突导致50人律所的生产效率可能还大过500人的律所。

2. 规模化的终极状态是什么？

终极状态是形成垄断优势并制定标准。

垄断优势是因为市场上的其他竞争者已经被淘汰，新竞争者暂时无法抢占份额，并拥有定价权、制定标准权。

但是，律师行业因为无核心科技——你会的别人也会，或者很快也可以学会。无标准产品——无法快速扩张占领市场，并不是可以实现垄断的行业，而且律师行业由于和社会公共利益的强关联，也并不鼓励垄断——规模化是为了更好地提高服务质量，而不是让律所赚更多的钱。

更何况，律师的专业标准到现在都没有形成一个稳定的逻辑来制定，也没有哪一家律所有足够的能量推动。如果只是因为规模大而获得制定标准的权利，恐怕其他律所和律师也不一定认可。

那么，没有终极目标的规模化，还有没有搞的必要？而所谓"适度规模化"，是不是既冲不上去规模又暂时想不到别的方向的一个聊以自慰的名头？

3. 现阶段规模化能发展的原因是什么?

既没有逻辑也没有目标的规模化,为什么还能搞得起来呢?主要还是吃了律师人数增速维持高水平、行业出现拐点的红利。

以前业务多,律师少,业务都做不完,哪还有心思搞规模化?也没有那么多律师给你来搞规模化。

后来业务变多,律师也变多,没有律所品牌背书,竞争力不够,而规模化是最方便的品牌化路径,部分有前瞻性的律所开始通过合并、吸收进行规模化。

再后来业务变少,但律师还在变多,规模化的律所也在变多,导致规模效应带来的品牌效应也在被稀释,部分律所只有在规模化的道路上走到黑,才能保持一定的竞争优势。

最后成了大家好像都在规模化,那我也不能看着,先规模化再说吧。

二、律所的人数真的很重要吗?

"人多才能分摊成本""人多才可能有专业分工""人多才可能有品牌效应",这是近年来走规模化路线律所的主要思路。

主流观点认为,在规模化的浪潮下,律所的组织形式最后会两极分化:要么是过百人,甚至千人的规模化大所,要么是50人以下的精品小所和个人所。

但这种仅从律师数量维度确定发展方向,并不符合律所和其他商业组织的本质,或者说,仅用人数来划分律所并无多大实际意义,因为律所的核心作用与人数不一定正相关。

对外降低交易成本,让每个律师在律所内部比自己独立在律所外部更容易(更低成本)办理案件,对内降低内部的摩擦成本,才是律所和其他商业组织的核心作用。

在律所天然缺失前、中台功能的前提下,规模大的律所,只能在租金、公共行政人员这部分,通过分摊降低固定成本。但律所人数越多,分担成本的作用越小,边际效益递减。而律所人数越多,内部的摩擦成本越高,边际成本递增。这也是规模化律所的规模不可能无限扩张的原因。

如果不能通过品牌效应解决律师的核心问题，不能降低律师获客的成本或者提高案件的客单价，那规模化律所必然是大而不强，难以为继。而专业重合、利益冲突，又是规模化律所不可避免的问题。

在规模化浪潮的推动下，大多律所的人合性和资源匹配度都有先天不足，想在后期用专业化的手段同时解决内部摩擦和资源整合的问题，也是任重道远。

没有内核的规模化，靠的就是执业人口基数增长维持和行业惯性走到了今天，当律师发现执业人数增长放缓了，或者有人突然怀疑规模化到底有没有实质作用时，大多数规模化律所也会成为一个时代阶段性的产物。

律所发展的思考

一、律所发展需要解决的悖论

1. 品牌化和规模化

品牌的作用是信任背书和圈层认同,规模的作用是降低边际成本,让生产的每一个产品固定成本降到最低。

二者功能不同,逻辑也不同。当然,"大"确实更容易出名。但一味地追求规模,不仅无法建立起能溢价的品牌,可能还会因为管理失控,而伤害品牌。

想用规模带来品牌效应,其实是一种偷懒的思维,是想利用客户"只要是大企业就一定有大的道理"这种惯性思维来获取信任,而不是稳扎稳打地按照"企业的产品质量确实好才会做大"的逻辑来发展的。

2. 商业化和产品化

律师一天无法生产出能够完全脱离人身属性的产品,就一天无法完全产品化。律师一天没有产生可复制且有竞争力的产品,律所一天就无法完全商业化——仍然只能靠小团队、小作坊的传统模式。

资本和互联网行业为何迟迟没有用复制+快速扩张彻底改变律师行业的商业模式?法律服务市场体量小是一方面,但改变的难度才是关键:每一个律师自己才是产品,且是不可复制的高度特色化产品。想搞传统律师行业的完全商业化,就必须把律师当作产品管理起来。

而资本又是逐利的,要克服这种程度的困难却只获得那种程度的利益,干点什么别的行业不好?

3. 法律专业化和商业专业化

律师行业的黑色幽默是信奉专业的人做专业的事的律师,自己却一直做不专业的事:营销、管理、品牌打造、数据化……全部决策权都在律师自己手里。

难道法律专业是专业,商业专业就不是专业?律师对商业化缺少认知和想象力,也对商业化发展缺少必要的信息储备。但在大多数律所中,所有职能顶层设计的最终决策权仍在部分律师手上,这也是为什么大多数律所的商业模式难有突破,至今仍是"二房东+美食城"的模式。

二、律所降管理费挖人,暴露了什么问题?

在"律所发展规模化"的思路引导下,近年来,各家律所开始了抢人大战,今天你免两年的卡座费,明天我就免收三年的管理费,只要你创收达到一定标准,什么条件都可以谈。这场景看似热闹,实则暴露了:

1. 律所其实不是人合性优先,而是资合性优先

大多数律所都是合伙制律所,而合伙制的基本特性就是人合性,意思是:我是看中你这个人才和你共事。而在规模化的扩张思路下,人合与不合无所谓,甚至我认不认识都无所谓,有创收、能创收就行,而这就是典型的认钱不认人的资合性特征。

资合性本身并没有什么问题,只是如果律所的组织逻辑从人合性变成资合性,那么很多关于律所的认知和体系都要重新构建,如果还打着人合性的口号搞资合性的组织,必定"气血不畅",难以为继。

2. 律所的商业模式是"二房东"模式

第一年免了,第二年还是要收;第二年免了,第三年

还是要收。羊毛终归是要出在羊身上,毕竟律所是"二房东"(把房东的物业租下来,装修好挂个新牌子再转租给律师)的"收租"商业模式,除了收卡座费、管理费,就没有第二增长曲线了,能给几年"免租期",已经是"二房东"能给出的最大诚意了。

但如果这样"卷"下去,很多律所必然会搞不下去,因为律师今天可以因为你这里"租金"低而来,明天就可能因为别家"租金"更低而去。

3. 律所缺乏有吸引力的前、中台服务

为什么只能用"免租期"吸引人?因为律所实在是没有其他东西吸引人了。一家公司的竞争力,由前台的品牌运营、客户开拓,中台的技术赋能、产品提升、组织优化和后台的行政管理、售后服务组成,律所在没有前、中台的服务,后台也只剩下行政管理的情况下,那只有从"哪家的行政管理成本最低"这个单一维度来挑选了。

降管理费挖人的策略还能持续多久不知道,但问题不解决,律所终归是不能健康发展的。

三、律师事务所的理想国模式

价值观聚人,价值凝聚人。

理想的律师事务所应该是价值观相同的一群人聚在一起,创造价值,而不是为了创造各自定义的"价值"聚在一起的人,再来磨合价值观。如果是后者,内耗、松散,甚至分崩离析,是这个组织必然的结局。

而不论是哪群人聚在一起,在律师行业,必须有共同的价值观,比如专业是律师的道德底线、专业的事交给专业的人等等。那么,理想的律师事务所或模式,一定是能够支持并体现这种价值观的。

所以律师的营销、管理,甚至部分的招聘、培训工作都应该从律师的工作中分离出来,至少是从专业型律师的工作中分离出来。如果以"最大限度地减少专业的律师的非专业工作"为导向,那么"服务中心+个人律师事务所"的模式就呼之欲出了,也就是每个核心律师都成立自己的律师事务所,再和服务中心签订合作协议的模式。虽然此时各地对个人律师事务所的设立有所限制,但彼时的个人律师事务所非此时的个人律师事务所。

服务中心主要功能：

①开拓案源功能。服务中心需要储备线上、线下案源开拓人才，包括新媒体律师和传统案源型律师，以此来支撑专业型律师的办案素材。

②案源分配功能。服务中心需要有识别律师专业水平，并设立专门的专业律师考核制度，让每个案件精确匹配至最适合办理本案的律师。

③行政服务功能。服务中心需要提供办公场所，配套财务人员、接待人员、司机、保安等，将传统律师事务所的行政和后台服务工作全部收归中心管理。

④知识管理功能。服务中心需要收集每个律所的优质法律素材，形成数据库。

⑤人员融合功能。服务中心需要牵头组织各种活动，以加强各个律所之间的交流，及各个律所之间的资源融合。

⑥招聘培训功能。服务中心不仅要给个人律师事务所匹配案源，也要匹配人才，部分通用的律师基本技能也可由中心进行初步带教。

那么此时的律师事务所：

①都是以一名核心律师为中心的一个律师团队，有极高的人合性和极低的管理成本。

②不担心案源和管理，以纯专业为导向设立，可以只关心专业的事情。有天赋想关心比专业更多的事情，可以

和服务中心以合作的方式落地。

③自己的案源不受影响，只要足够专业，就能从服务中心分配到案源，案件只会变多不会变少。

④可以共享服务中心的法律数据库，减少自己知识管理的成本。

⑤专业口碑集中在核心律师个人。"包产到户"且透明的评价机制倒逼专业型律师更加注重专业服务能力，推动律师行业良性竞争。

除了传统律所能解决的成本分摊问题外，该种"服务中心＋个人律师事务所"模式还能解决以下问题：

①利益冲突问题。每个核心律师都有独立的律所，所内律师之间不存在利益冲突。

②借业绩问题。不像传统所可以在所内相互借业绩，在个人所中，只有自己主办的案件能作为案件业绩。当然，暂时来讲对律师个人算不上利好，但长远来看，对律师行业是利好的，最终，当然也会对专业型律师形成利好。

③带教问题。服务中心将新入行律师进行初步筛选和优化后，律师个人的带教成本将大大降低。

④税务问题。由于传统律所的内部封闭性，税务筹划空间较小，而"服务中心＋个人律师事务所"模式灵活度更高，更能优化部分税务问题。

⑤入退伙问题。每一个个人律师事务所和服务中心都

只是服务合同关系,服务费用可以按年度支付,如果价值观不合,解除服务关系即可。

⑥灵活性。服务中心自己能够有足够的案源,合作的个人律师事务所可以有多个,也可以只有一个,甚至可以一个都没有,也能直接和其他传统律所中的个人律师合作。

其实这种模式并不是凭空想象,现在的律师行业已经出现了各个环节的"组件",比如有开拓案源能力的法律咨询公司和网推所,有管理能力的"一体化"律师事务所,有大批怀有专业信仰的专业型律师,有情怀想推动行业进步的新一代律师,这一切,只是缺少一个契机、一个发动机和一批行动起来的人,让这一切组合起来,让理想国成为现实。

都说律师行业的寒冬已至,那么,春天还会远吗?

第三章

行业商业模式的思考

"

律师行业的恶性循环

```
     所得越少
    ↗        ↘
做不成事      越是想要
    ↑          ↓
  无法深入 ← 求多求快
```

"

律师行业进化之路：从转包、挂靠到总包

1. 律师的"转包"模式

比较大的传统团队现在还是案源型律师接案，专业型律师办案。

本来这种模式也无可厚非，案源律师的重心在客户管理和案件把关，专业型律师的重心在落地和执行，但由于行业发展的脱节（包括人才脱节和商业模式脱节），案源律师的重心在客户没错，但对案件的把控越来越少，甚至完全没有参与，实质上成了案源律师将案件"转包"给专业型律师。

而专业型律师的年轻化、低薪化，也导致没有足够能力的律师交付好"转包"的服务。

和建工领域的"转包"模式一样，资源方会拿走相当一部分利润。和建工领域不一样的是，律师行业的资源方还是"资质"（主要指律师资历）提供方，双要素的议价

能力肯定比建工领域无资质的资源方还要高。

这种模式的弊端在于：

①客户付出了"资质"溢价，但没有得到应有的服务价值。不仅预期落空，甚至会因为"小律师办大案"而"烂尾"。

②年轻律师的压力和回报不成正比，大多处于"揠苗助长"的状态。

③案源律师不仅消费了自己的"资质"，也消费了律师行业的"资质"。

2. 律师的"挂靠"模式

行业内称为"借业绩"，为了接下自己不熟悉领域的案件，需要借用其他团队办理的过往案例，来获得客户的信任。而且出于各种原因，两个团队的关系也就停留在"借业绩"的程度，深度合作的机会不多，和建工领域的挂靠模式有异曲同工之处。

如果客户已经认可了这名律师的服务和能力，只是为了满足一些"硬签约条件"而为之，对各方的影响倒不是那么大，但如果客户是为了挑选随机的法律供应商，在"挂靠"的模式下，通过这些过往案例其实完全无法识别律师的真实能力和价值。

这种模式的弊端在于：

①增加了客户的筛选成本，业绩要求等于没要求。

②增加了律师的内卷程度,反正业绩可以借,能借多少就借多少。不好借的,给一点"业绩合作"费用也是可以的。

最近和不少律师交流时,发现大家都遇到过这种情况:客户非常信任他,即便这个案件他表明了没有做过,客户也愿意让其去找律师处理,并且不能纯介绍就完事,还需要他对接和把关。这就如同建工领域的总承包模式或者EPC模式[1],总承包单位可以把相关专业分包给其他有资质的单位,但要求总承包单位对最后的交付成果负责并承担兜底责任。

这种模式其实已经在涉外业务中广泛使用:客户找国内信得过的律师,去负责对接、管理国外的律师,把最终成果交付给客户即可。

这种模式的挑战在于:

①客户可能会付出更多成本,因为"总承包"律师也需要一定的费用,但也节省了重新筛选、与律师磨合的成本。

②需要"总承包"律师有一定的专业识别能力和律师人才储备。这个业务"总承包"律师可以不会做,但其他

---

[1] EPC模式即为工程总承包模式,是设计采购施工"一体化"[EPC即Engineering(设计)、Procurement(采购)、Construction(施工)]。工程总承包是指工程总承包企业受业主委托,依据合同约定对建设项目的设计、采购、施工、试运行实行全过程或若干阶段的承包。(引自GB/T50358-2017建设项目工程总承包管理规范)

律师对这个业务做得怎么样，得有一定识别能力。如果作为"总承包"都没有专业识别能力，即便是"分包商"律师的问题，也会影响客户对你的信任。而且"总承包"律师还需要一定的律师人才储备，以备不时之需，"病急乱投医"也同样难得到好结果。

③需要"总承包"律师有一定的自信和格局。不要觉得这个案件给别的律师做了，自己就会失去这个客户，也别觉得这个案件给别的律师赚大了，就非得多要一点好处。格局放大一点、时间拉长一点，该是你的总是你的，或者会以某种其他的方式回馈给你；不是你的总归不是你的，即便从这里拿了，也会从别处失去。

第四章

律师行业开始"卷"了吗?

律师行业发展的十个预测

1.律所规模普遍缩小,除少数"巨头"外,大多数律所极限人数1~200人,普遍在50人以下。

2.大型律所律师比例下降,管理、营销和技术人员比例上升。

3.出现科技导向型律所和传统律所共存的"赛博朋克风"。

4.律所功能复合化,场所多样化。

5.人工智能取代50%以上传统律师工作量。

6.五年内全国执业律师人数出现峰值。

7.行业律师取代专业律师。(不仅是叫法,更是竞争力的变化)

8.律师社会责任增加,贫困地区普法宣传、法律援助数量、调解案件数量列入每年考核指标。

9.律师执业门槛进一步提高。

10.律师执业规范监管力度进一步加大。

一、律师行业还有红利吗?

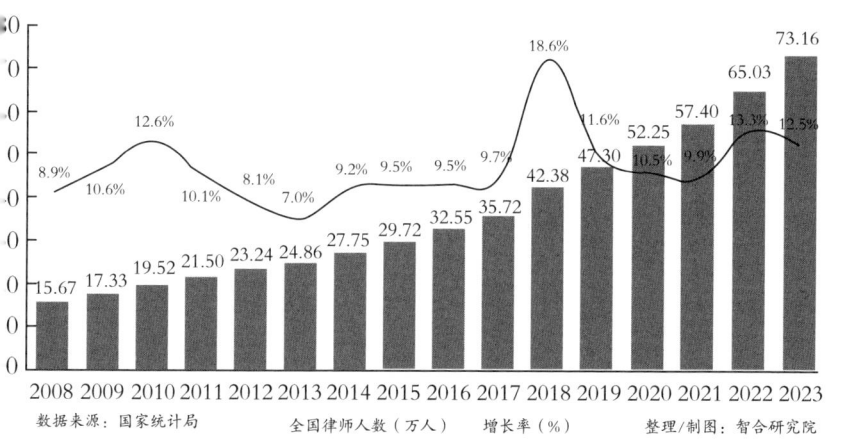

图1 2008—2023年全国律师人数增长情况

来源:微信公众号"智合研究院",《75万律师、万人律师比5.3‰背后,是这5条结论》,2022年2月17日,https://mp.weixin.qq.com/s/9cH66eZhOxchnfCtY8i7tA。

从图1可见,2022年我国执业律师人数达到65.03万人,2023年达到73.16万人,预计到2024年,全国执业律师达到75万名,每年都以超过10%的数据增长,有"卷"的基础。

序号	国别	统计年份	人口数量	统计年份	律师人数	万人律师比（‰）
1	美国-	2022.2	332,470,000	2021.7	1,327,910	39.94
2	英国↑	2021.1	67,215,293	2022.1	213,504	31.76
3	德国-	2021.7	83,129,00	2021	166,000	19.97
4	法国-	2021.9	67,486,000	2019	68,000	10.08
5	韩国-	2021.8	51,669,000	2021.2	29642	5.74
6	中国↑	2022.1	1,412,600,000	2022.2	576,000	4.08
7	日本-	2022.1	125,440,000	2022.2	42,951	3.42
数据来源：维基百科、各国律师协会官网及年度报告						

图2 各国律师总数及万人比

来源：微信公众号"智合研究院"《75万律师、万人律师比5.3‰背后，是这5条结论》，2022年2月17日，https://mp.weixin.qq.com/s/9cH66eZhOxchnfCtY8i7tA。

75万名律师是个什么概念呢？从图2可以看出，以75万名律师为基数代入计算，中国会以每万人有5.36名律师的比例排在全球第六，超过日本，而且如果单独来看北上广深等主要城市，都已经超过了每万人10名律师的比例，超过法国、韩国，排在全球第四。

在这样的数据下，律师行业还有红利吗？

有。但随着律师人数增长速度接近或大于行业产值增长速度，红利可能不是来自需求端，而是供给端。所以现在律师行业的红利是大量的新入行律师供给所带来的红利。

那谁又能吃到这部分红利呢?

最直观的就是新入行律师的使用成本并没有提升太多。以广州为例,10年前实习律师一个月3000元左右,现在差不多也才4000元左右,和其他行业的劳动力成本上升相比,律师行业存在劳动力成本红利。

律所的大律师团队能吃到这部分红利。因为新入行律师的剩余价值会向上传递,或者反过来说,团队并没有因为初级律师的使用成本上升太多而产生过大压力。产生的结果一是行业头部的剩余价值聚集——能用越多的新入行律师,就有越多的剩余价值,二是团队中间层断层——有大把便宜的初级律师可用,为什么要留下成本更高的资深律师呢?尤其是在当下行业下行的阶段,中间层断层的现象更明显。

律所通过规模化也能吃到这部分红利。每个大规模的所都有超过50%的新入行律师,除了给律所贡献规模化的"品牌效应"——这个"品牌效应"同样有头部聚集的特点,新入行律师大多只是在"抬轿子",还贡献大部分的管理费、卡位费——律所的利润主要来源之一。

近年来发展迅速的法律咨询公司也是吃到了这部分红利。没有大量的廉价劳动力供给,法律咨询公司无法在低客单的强营销模式中拿到利润;没有大量的廉价劳动力所产生的竞争,法律咨询公司也无法在利润分配中拿到绝对的议价权。

与其说法律咨询公司是吃了律师看不上的那些案件的市场,不如说是吃了律师行业无法消化的新入行律师的剩余价值。

二、竞争不是"卷",无效竞争才是

不知何时,喊"卷"成了各个行业的风潮,律师行业也不能免俗,但律师行业真的"卷"吗?

从宏观上看,如果行业总产值增速大于从业人数增速,那么说明这个行业存在红利,竞争都不充分,更谈不上"卷"。

如果行业总产值增速小于从业人数增速,那么这个行业红利在减少,竞争在加剧。

如果行业总产值开始下降,从业人数增速还在增加,那么竞争开始白热化,内卷是必然的。

而律师行业,现在才刚开始出现拐点,大部地区的法律市场还处于"行业总产值增速小于从业人数增速"阶段,还远远没到竞争充分的状态,喊"卷"可能为时尚早。

第四章 律师行业开始"卷"了吗?

从微观上看,只要竞争让消费者/客户受益,就是合理竞争、有效竞争。比如网约车平台竞争补贴,结果让网约车司机多赚钱,让顾客少浪费等车时间,不管两个平台的内部员工、股东多难受,那都是有效竞争。

而律师行业,很多人说低价竞争是"卷",但只要客户能用更低的价格,体验到够用或者更好的服务,就是有效竞争,而并非"卷"。

低价竞争能有效的原因是,律师行业的利润率过高,所以有人降价也能做。并且大家的服务根本没有差异化和显著价值,你做的,我也能做,所以只有价格明显更低的,才能吸引客户。反过来说,是竞争还没有到"卷"的程度,低价竞争才有空间。

什么时候是律师行业真正"卷"的时候呢?

是竞争双方都付出了很多额外的成本,客户却没有感受到这些成本带来的显著价值的时候。比如本来一页纸的事情,为了好看灌水成十页纸;又比如律师之间相互诋毁、相互拆台,精力都花在不该花费的地方;还比如为了接一个案件,要做太多与专业无关的事情……

律师行业的竞争才刚刚开始,就开始喊"卷",只能说明过去律师行业的钱,真的是太好赚了。

三、律师行业"卷"不"卷",看和谁比

1. 和别的行业比,略显矫情

从收入水平来看,律师行业在全国900多个行业中,不在前10,也在前10%。虽然有"二八现象",但哪个可以自由竞争的行业又不是这样呢?

从工作状态上来看,律师的"996""007"绝不是常态,甚至有一点"凡尔赛"。因为律师可以自主选择工作量,再大的工作量也是自己选择的,即便是律师助理,也只有少数团队(律所)有足够的工作量可以让助理连续半年、一年高强度地工作。

从社会地位来看,不管是得益于影视剧的宣传,还是行业本身的特殊性,医生、律师在普通人眼中已经相对于其他职业高出一等了,不论在网上怎么吐槽,大多数人在生活中看到这两个职业还是会略加尊重。

所以,和其他行业相比,律师行业不仅不"卷",甚至还有较高的性价比。不然,为什么每年都还有这么多人"用脚投票"进入律师行业?

2. 和以前的律师行业比，自寻烦恼

现在律师行业的状态当然不能和10年前、30年前比。以前的律师服务市场供小于求，律师可以等着客户上门，30年后已经供约等于求，律师还想守株待兔，那当然只会刻舟求剑。

如果一个行业30年来都是低竞争、高收益，那行业还能进步？市场机制还能有效？

而且以现在的律师专业水平与服务质量看，律师行业还远没到"卷"的时代。因为你只要稍稍比别人努力或某方面多一点天赋，就能跑过大部分律师。

换句话说，现在律师行业的红利不是法律市场的发展和增长，而是其他律师的不怎么增长的水平和努力程度。

3. 自己和自己比，当然得"卷"

真正的"卷"是各方成本都增加，但无一方受益（内卷时买方也不受益）。而现在所谓的"卷"，只不过是一点点竞争而已（竞争使买方受益）。

经过30年的发展，律师行业竞争比以前激烈一点，很合理吧？

天天喊着终身学习的律师，今天的自己比昨天努力一点，也没什么好喊"卷"的吧？

第四篇

同行箴言

发心立志

生命的目标是由情感设定、心向往之,而不是理性分析、权衡利弊。

先有欲食之心,再有求食之行。

欲求知,先立志。

欲立志,先发心。

无心无志,纵然知道很多道理,也过不好这一生。

一、某前法官，律师

话题：谈及从法官转行做律师的根本原因

生活中可预见的东西多了，不可预见的东西少了，仿佛就是日复一日、年复一年地去面对一批又一批当事人，帮他们解决一个又一个问题，我害怕这种生活的循环会一直重复，直到我退休。所以我想，我要尝试一下新的生活，做一些让自己觉得兴奋的事情，去体验不同的人生。

话题：对年轻人职业选择的建议

Question：如果让您重新站回一个法学毕业生的角度，给现在的年轻人一些职业选择或者职业转换的建议，您会如何选择？有哪些职业选择的底层逻辑或者原则，您认为现在依然适用？

Answer：我的建议是，刚毕业就先做律师。

比如一个研究生毕业25岁，非常幸运地考进了法院，至少需要先做7年的法官助理，才有资格去考取员额法官。假设你是最牛的这批人，32岁、33岁就当上了员额法官，40岁做到一定级别，这时你大概率是不会离开法院的，因为做得好的不想辞职。

而做得不好的其实也不敢辞职,因为对律师行业缺乏足够的了解。从法院出来做律师,其实是很难的抉择,除了现实的生活压力以外,很多人以法官助理的身份离开法院去做律师,竞争力不一定能比得上一直做律师的同龄人。

话题:律师行业对能力的促进

做律师是很苦的,太"卷"了,但律师行业对人的锻炼、对能力的训练是很强的。同样一个人,进到律师行业和进到法院,肯定在律师行业对能力的训练更多、进步的速度也更快,或者说,能力增长的"斜率"更大。一个行业很辛苦,你进步就快了;一个行业比较松散,进步也当然会慢些。

话题:律师卷还是法官卷?

当然,法官也很辛苦,也很拼,特别是基层法院。但法官的"拼",更多是加班加点,是责任重大,是错案追究,而律师是根本没有下班的概念,"卷"的点不一样。

话题:团队不行是否马上跑路?

Question:如果团队不靠谱,是不是应该马上跑路?
Answer:那这是肯定的,但是首先还是要先搞清楚是团队不靠谱，还是你不靠谱。

二、关于职业定位

话题：律师是一个学习型职业

律师并不是说更聪明，而是这个职业是一个"学习型"的职业，几乎每个律师都保持常态化学习的习惯，白天学晚上学，周末也会听课。

话题：年轻人进入律师行业的本领

Question：如果年轻人进到律师行业，在当下的环境中，应该着重建立哪些能力？

Answer：我觉得年轻律师要学两个本领。

第一，大方面来说，要把握法的逻辑、法的原理。你一定要明白什么叫公平正义，要有衡量公平正义的思维工具——是基于道德、基于效率，抑或是基于社会整体利益最大化，即应当基于一种什么样的逻辑来判断公平正义。

一个案子摆在你面前，要能够在大体上判断它会胜诉还是败诉；否则，明明是没道理的案子，你却对当事人保证能赢,成为"事前拍胸脯,事后拍屁股"的律师,那你就会被投诉了。

第二,具体而言,要掌握"听说读写"的基本功。要有表达能力,能通过电子邮件、电话、会议纪要、法律服务方案、起诉状、答辩状等,通过文笔来展示自身专业性,这一点是很重要的。有的律师能说会道,但下笔全是错别字、病句,一篇文章全是"心意"、没有逻辑,全是观点、没有推论。做律师是一种生活方式,就是要着迷于把话说得圆满,要有起承转合,要讲出逻辑。

话题:律师的功能和作用

案子是法官判的,证据是当事人提供的,事实和法条都是客观存在的,律师做的工作就是逻辑和说服。如果律师不整理证据、不做证据目录、起诉状没有逻辑随便乱写,那还要律师干吗?

律师无非是把当事人提供的证据依照一定的顺序、一定的逻辑编成证据目录,然后用自己的语言说服法官。没有确切的证据就拍脑袋拍屁股决定,当然就会被客户投诉。

身为律师,不要指望任何法官会帮你,你所有的漏洞都要付出巨大的代价。

话题:律师的客户挑选

我在当律师服务客户的时候,不会试图去服务所有的客户,也不想努力去取悦客户,但是我很尊重客户,我会不卑不亢,如果你选择我,我会认真地为你服务。所以我做律师,是"挑"客户的,或者说是敢于"拒绝"客户的。对于客户,我就相信四个字两个词:忠诚、信任。我忠诚于你,你要信任我;如果你不信任我,那就没法合作。

话题:律师的专业输出

忙时作业,闲时作文。忙的时候办案子,闲的时候不要总想着去混圈子,要多写文章。

如果一年都没有发表过一篇文章,我就觉得你不是一个合格的律师。现在是互联网时代了,你这个律师好不好,一搜,有没有写过相关的文章、有没有办过有名的案子,一下就知道。如果这个律师没有写过一篇文章,没有办过一个有名的案子,却又拿了很多行业内的奖,那些奖到底怎么来的?客户自有判断。

三、关于法律实践

话题：担任法官的大胆创新

我认为法院应当对不实陈述进行规制，但事实上并没有法院对不实陈述者进行惩罚或者司法拘留的先例，于是在我审的两个案子里，我就问双方律师："我们在庭审中都应该说实话对不对，同不同意？"他们回答同意，于是我就继续问："既然如此，那如果你说谎话被对方发现，对方证明你说谎以后的责任都由你承担你同不同意？"他们依然同意之后，我们就签署了承诺书。后来我在两个案件中，判决不实陈述当事人赔偿额外的诉讼成本，当事人都没有上诉。

话题：转向高校的责任发心

现在的大学里有两种教育，一种是法学教育，另外一种是法律教育，而大学里面过于强调法学理论，与实务脱节，导致法学生毕业后接触到实务工作是"抓瞎"的状态。

话题:关于律师职业底线

当律师说实话的前提是:你可以不说,但要说就必须说实话,不可以乱说。

话题:关于律师专业底线

现在很多人都在讲,律师和法官之间要保持距离、关系不能越界等。

我是这样看的:绝大部分法官都认识不了几位律师,绝大部分律师也不认识几位法官。

尤其是碰到对方律师跟法官很熟的概率非常非常小,所以,律师还是要把精力放在把文件写好、把道理讲"准",绝大部分情况下案子输了,不是法官在帮对方,而是你自己的工作确实没做到位。

四、某律师,律所主任

1.未来三到五年,律师的看家本领——争议解决案件的量,我认为会直接上升,包括合规,其实就是法律顾问的升级版。创新型的法律服务机会,随着市场趋于保守,反而会减少。

2.懂行业的专业律师是未来最大的蓝海。

3.现在不是加法时代,而是乘法时代,会把一件事所有的优点和缺点放大。

4.未来要在律师行业发展,一定要选择一、二线城市,稍微有点条件的客户,在高铁和互联网时代,都会选择一、二线城市的律师来为自己提供法律服务。

5.不要觉得律师行业难,难是拿现在和1998年比?那个时候律师收费是看心情的,心情好就少收点,心情不好就多收一点,但那个时代不会再回来了。但当下一定是难的吗?我觉得是你没有到其他行业去看看。

6.律师行业不是现在难,而是过去太容易了。我们有多少律师稍微努力一点,在北京和上海,做个50万元到100万元就不成问题,其他行业要做到年薪50万元,比我们要难得多。

你要还想像以前那样守株待兔就能过好日子,不可能了。

五、某律师，"一体化"律所主任

话题：归属感：关于为什么要开办一家"一体化"律所

律师是一个需要归属感的职业，做律师其实挺孤独的。律师仅靠一个人做业务而缺失了集体、团队，于我个人而言是比较难接受的，我更希望有一群志同道合的伙伴一起打拼、一起探讨，找到一个可以执业一辈子、有归属感的律师事务所，也为与我有同样志向的人提供一个成长的平台。

话题：能够坚持"一体化"律所的原因和方式

在广东实现律所"一体化"其实非常难。大家都知道"一体化"好，能集中力气办大事，能让合伙人一条心，也能增强律所内部的凝聚力，提供更好的服务，等等。我个人认为这个所能够坚持下来的原因主要是——并非固执地坚持。

在做"一体化"的时候务必谨记因地制宜，每个地方的客户资源、法律服务环境和人的特点都是不一样的，想做好"一体化"，就不能完全照搬别人的模式，要在坚持之中走出自己的道路。

话题:"一体化"不是目的,而是手段

我们所说的"一体化"其实不是目的,而是一种手段,它的目的最终还是打造一个服务品质优秀、合伙人齐心协力的平台。既然是手段,那就是可以变化的、需要变通的。因地制宜、因时而变、内心坚定而手段灵活,我认为这是我们的"一体化"比较成功的第一要义。

话题:为客户提供优质的法律服务是强化"人合性"的价值凝聚

"老板"这一概念不应该存在于律所之中,一个律所可以有主任、有负责人,但是不应该有老板,因为律师事务所的本质是人合性的,在现有的管理框架下,资本几乎不能在律所内发挥很大的放大作用,但人合可以。既然是人合为主,那最大的根本就是合伙制模式的实施,而其中的"一体化"也同样是基于人合,有共同的价值观、发展理念以及共同的目的——为客户提供优质的法律服务,并不断把整个平台做大、做强、做优。

话题:"一体化"很重要的三个方面:理念、专业、制度

"一体化"律所招聘模式:在这里,所有合伙人都没有权力直接招人,只有推荐的权力,所有的面试者都会经过同一标准的面试、接受统一标准的薪酬。比方说我

们给本科生的薪资是1万元，那就算你一个北大的学生想要"卷"，说自己只需要5000元的工资，我们也不会让你进来。

"一体化"律所的利润分配：不同领域的团队的利润率是不一致的，如果强行去统一所有团队的利润率，势必会出现高利润率的团队补贴低利润率的团队的情形，所以我们所采取的模式是：保留每个团队各自独立的利润率，但同时也保留每个团队一部分的资金上交给律所，进行品牌、市场、服务等方面的"一体化"建设。

"一体化"律所的合伙人要求："一体化"底层的前提是，每个合伙人的创收能力都要有一定的水平，不能相差太大。如果你做300万元，我做30万元，肯定是没办法进行"一体化"的，阶段不同导致了追求不同，此时强行"一体化"只会让一方受益、一方不受益甚至是受损。

我们很多法律人都是很优秀的律师，但未必是一个很优秀的领导者和管理者。我们认为，未来中国的法律行业会越来越需要既懂法律专业又精通管理的人出现。在起步期、生存期时很多律所都是"杂食性"的，确实没有多余的能力去实现专业化，所以我认为合伙人是否有"一体化"专业化的意愿非常重要。

如果无论任何情况下，每个人都不愿意放手一定的业务，价值观上不统一，那肯定是难以专业化、"一体化"的，所以肯定需要一定的取舍。

"一体化"律所的合作模式:"一体化"律所的合伙人可以共同去谈下客户、共同去服务客户,深挖一个客户的全方位的价值。但要做到这两点,就必须在底层设计上将合伙人之间的边界完全打破,且需要一个让大家非常容易进行合作的分配模式合作模式,在这里,我们称为"无界"的合作模式。

　　"一体化"律所的适用范围:在中国人均消费能力和消费意愿不断上升的大背景之下,个体对于法律服务的支付意愿其实也在不断上升,就像是心理咨询服务一样。比方说需要一个婚姻家事、个人事务上的法律服务的公司老板,往往也会有公司治理上的法律服务需求,作为"一体化"律所的合伙人,我们要做的就是共同去服务客户,共同去深挖客户背后的全方位价值。

　　"一体化"律所的专业要求:据我们观察,当一个团队在某一领域的创收达到一定的水平时,这个团队其实很多时候就不会再去涉足别的业务,也即产生了一种对自己"标签化"的要求。所以我们对每个合伙人在专业化上的要求远高于对创收的要求,专业化程度越高的律师,就越容易和其他领域专业化的律师进行合作。

　　价值观凝聚律所发展共识:在我的视角里,价值观简单来说就是:做什么、不做什么;获得什么、舍弃什么;赞成什么、反对什么。价值观看似无形,实则有形,它体现在一个律师做业务中的方方面面,体现在一个律所发展过程中的每一个细节。

价值观的重要体现就是，愿不愿意去呵护、遵守与执行我们共同指定的制度和规矩，它不是靠语言去表达的，而是通过行动去体现的。

制度不可能成为我们所有行为的准则，但价值观可以。

六、某律师，法考老师

1.民法中，我们讲民法典和民法立法；但商法不同，它只是把人类千百年来的商事规则加以确认。立法者造不出商品的规则，只能跟随商人的利益加以确认，最多也只能加些引导，而不可能去制造规则。

2.这就是我说的，没有对错，只是立场不同。这里没有正确答案，我只能告诉你，这里有空间。没有定论，就是我们的价值所在；没有定论，有观点，就是我们的价值。

3.民法在短期内，公平正义、公序良俗不会改变。而商法讲什么？没有什么太强的理念，就两个字——利益，公司法这边讲的就是利益和平衡。

4.所以学习公司法最好的方法是什么?

不要假设我开始学公司法去背法条,而是假设我是个商人,如何利用法条实现利益最大化。一旦你有利益的代入,公司法瞬间就鲜活起来了。

5.注册资本不是评价公司实力的指标,公司的经营状况才是。

6.我们法律人讨论问题,一定要有具体问题具体分析的思维方式。在讨论问题之前,一定要界定清楚问题域,否则就只是瞎讨论。

7.这么细节有必要吗?我也不知道有没有必要。但是我觉得律师在其中大有可为。因为绝大多数人没有注意到这么细节的东西,所以我觉得做公司案件"守正出奇","出奇"的一个点就在于往往去研究法律规定的细节。

结语

写这本书的两年中我一直在想,律师的"作品"到底是什么?

是一个自己主办的经典胜诉案例吗?可一个案例的形成是多方角色和多种因素决定的,律师最多只是一个主要的发起方,恐怕难说是"自己"的"作品"。

是一本自己编写的专业书籍吗?如果从法律定义的角度来看,一本能得到出版的书籍,当然是具有独创性的智力成果,当然是"作品",但从律师自己的角度来看,一本总结、整合司法判例、现有观点的书,好像也难言"独创"。

主要原因在于,律师不论从案件结果还是从专业理念的角度,总是处于"河流的下游",在"上游"的是法官和法学学者。法官可以通过开创性的判决获得独创性,法学学者可以通过不拘泥于当下环境的理论获得独创性,而律师,最多在其中进行"二创",这就导致了律师难言自己的"作品",也部分导致了在法律共同体中,律师处于明显的下位。

虽然从案件和专业中获得完全独创性的理念对当下的律师来说不太现实,但在律师行业本身寻找独创性,却

结语

是完全有可能的。我国现代的律师行业，不论是在法律行业，还是在服务行业的分类中，都是个"年轻"的行业，很多规则和方法还有很大的成长和迭代的空间，有很多内核性的理念还未形成。而这些内核性的理念，是可以与法官、法学学者的理念区别开来的独特理念，是可以让律师真正能够与法官、法学学者"三足鼎立"的独创性理念。

所以这本书的内容大多是关于律师行业内的，给行业带来一点"新意"，是我个人的使命。我不求能带来多少独创性的理念，但求是我内心最真诚、纯粹的想法。因为我始终认为"作品"是一个人生命力的外化，不断追求"作品"的过程，也是生命力不断展现的过程。而个人生命力展现的过程，也是行业和社会进步的过程，哪怕在个人有限的生命中只能推动律师行业进步一毫米。

甚至更少。

谨以本书回应"上天"将我安排到律师行业的使命，并回馈命运对我的眷顾。

愿各位也早日完成自己的"作品"。